***ACCESO GRATIS** a la Lectura en la Nube*

Para visualizar el libro electrónico en la nube de lectura envíe junto a su nombre y apellidos una fotografía del código de barras situado en la contraportada del libro y otra del ticket de compra a la dirección:

ebooktirant@tirant.com

En un máximo de 72 horas laborales le enviaremos el código de acceso con sus instrucciones.

REDES Y CUERPOS ACADÉMICOS

Procedimiento de selección de originales, ver página web:

www.tirant.net/index.php/editorial/procedimiento-de-seleccion-de-originales

Coordinadores:

Dra. Victorina Castrejón Reyes
Dra. Sandra Jenny Cortés Heredia
Dr. Oscar Ángel Gómez Terán
Dra. Beatriz Garza González

REDES Y CUERPOS ACADÉMICOS

tirant humanidades
Ciudad de México, 2023

En caso de erratas y actualizaciones, la Editorial Tirant lo Blanch México publicará la pertinente corrección en la página web www.tirant.com/mex/

Revisado pares ciegos

© EDITA: TIRANT HUMANIDADES
DISTRIBUYE: TIRANT LO BLANCH MÉXICO
Av. Tamaulipas 150, Oficina 502
Hipódromo, Cuauhtémoc
CP 06100, Ciudad de México
Telf: +52 1 55 65502317
infomex@tirant.com
www.tirant.com/mex/
www.tirant.es
ISBN: 978-84-1183-332-5
MAQUETA: Disset Ediciones

Si tiene alguna queja o sugerencia, envíenos un mail a: atencioncliente@tirant.com. En caso de no ser atendida su sugerencia, por favor, lea en *www.tirant.net/index.php/empresa/politicas-de-empresa* nuestro Procedimiento de quejas.

Responsabilidad Social Corporativa:
http://www.tirant.net/Docs/RSCTirant.pdf

Índice

Índice de tablas

Prólogo

Dra. Marcela Ávila-Eggleton*

En el marco de la investigación científica y académica, las redes de investigación constituyen un elemento central para la innovación, la colaboración y el progreso. La conjunción de esfuerzos y recursos permite enfrentar diversos desafíos y superar, a través del trabajo conjunto de académicos, científicos y gobiernos, barreras geográficas y disciplinarias, ofreciendo un enfoque integral a problemas que van más allá de las capacidades de cualquier entidad individual. Sin importar su objeto de estudio, las redes de investigación están redefiniendo la forma en que trabajamos juntos en búsqueda del conocimiento.

La importancia de las redes de investigación se puede ver en su capacidad para acelerar el avance científico. A través de la colaboración en proyectos y la unión de diversas perspectivas, las redes pueden conducir a descubrimientos y soluciones más eficientes. En un mundo donde los problemas son cada vez más complejos y entrelazados, esta colaboración se vuelve central.

Sin embargo, no podemos hablar de las redes de investigación sin abordar los desafíos inherentes a ellas. La coordinación entre diferentes instituciones y disciplinas no siempre es sencilla. Hay diferencias en las

* Directora de la Facultad de Ciencias Políticas y Sociales de la UAQ, Profesora investigadora de tiempo completo en la Facultad de Ciencias Políticas y Sociales de la UAQ. Miembro del Sistema Nacional de Investigadores Nivel 1 (SNI 1) Country Expert for Varieties of Democracy (V-Dem). Miembro Titular de la Sociedad Mexicana de Estudios Electorales. Integrante Comité Académico Cátedra Madero. Integrante Comité Académico Voto Informado. Miembro del Comité Técnico de Evaluación. Fondo de Apoyo a la Observación Electoral 2021. Integrante del Comité Dictaminador del Programa Nacional de Impulso Política de Mujeres a través de OSC (PNUD) Integrante de la RED de POLITÓLOGAS. #NoSinMujeres

prácticas, en las normas éticas, en los objetivos y en las expectativas que deben ser negociadas. El financiamiento y la distribución equitativa de los recursos representan obstáculos; diversas cuestiones legales, también. ¿Cómo se maneja la propiedad intelectual en una colaboración multinacional? ¿Cómo se asegura que los datos sean manejados con responsabilidad y privacidad?

Además, las redes de investigación navegan en un entorno político y social en constante cambio. Las políticas gubernamentales, la opinión pública, y los cambios económicos pueden afectar la dirección y la viabilidad de la investigación colaborativa. En un mundo inundado de información, donde los descubrimientos científicos moldean nuestras vidas de formas cada vez más profundas, la necesidad de veracidad, confiabilidad y difusión apropiada de la información científica resulta fundamental. La veracidad en la información científica es el pilar sobre el cual se construye todo el edificio del conocimiento. Sin ella, las teorías se vuelven frágiles, las conclusiones, sospechosas y la confianza en la ciencia puede erosionarse. La confiabilidad va de la mano con la veracidad. Una información veraz debe ser también confiable; es decir, debe ser replicable y consistente en diferentes contextos y aplicaciones. Las redes de investigación, con su capacidad para unir diferentes enfoques y perspectivas, tienen un papel especial en garantizar que la información científica sea no solo verdadera, sino también confiable. La difusión de la información, el tercer pilar, es igualmente crítica. Una información científica veraz y confiable no tiene valor si permanece confinada en laboratorios y en las páginas de revistas especializadas. Debe ser comunicada de manera efectiva a aquellos que la necesitan, ya sean otros científicos, legisladores, profesionales de la salud, educadores o el público en general. Las redes de investigación, al facilitar la colaboración y la comunicación, juegan un papel vital en este proceso.

Pero estos principios no están exentos de desafíos. La presión por publicar, la competencia por el financiamiento y la complejidad inherente de la ciencia moderna pueden poner en peligro la veracidad y la confiabilidad. La difusión de la información puede verse obstaculizada por barreras legales, económicas, culturales y tecnológicas. En un momento en que la ciencia ocupa un lugar central en nuestras vidas, y en que la colaboración y la comunicación son más vitales que nunca, este libro se ofrece como una contribución a un diálogo crítico y necesario. La veracidad, la confiabilidad y la difusión no son simplemente ideales a los que aspirar; son la esencia misma de la ciencia y la piedra angular de un mundo más informado, más saludable y próspero. La exploración de estos temas en el marco de las redes de investigación no es solo oportuna; es esencial.

En última instancia, las redes de investigación representan tanto una promesa como un desafío. Ofrecen un camino hacia un futuro más iluminado, donde el conocimiento y la innovación fluyen libremente a través de las fronteras y las disciplinas. Pero también requieren una reflexión cuidadosa, una planificación meticulosa y una ejecución diligente. Este trabajo busca contribuir a este entendimiento, iluminando tanto las posibilidades como las dificultades inherentes en este espacio de colaboración.

CAPÍTULO I.
Marco normativo para la conformación de los cuerpos académicos

Gómez Terán Oscar Ángel, Cortés Heredia Sandra Jenny Castrejón Reyes Victorina y Garza González Beatriz

INTRODUCCIÓN

Antecedentes

La Asociación Nacional de Universidades e Instituciones de Educación Superior (ANUIES, 1996), sustenta que la SEP al reconocer el papel fundamental que los profesores desempeñan en la enseñanza y su situación en las Instituciones de Educación Superior (IES), crea el Programa de Mejoramiento del Profesorado (PROMEP), el cual establece como objetivo general fortalecer los cuerpos académicos de las instituciones.

Por lo anterior, lograr que la educación superior alcance niveles de calidad internacional, al mejorar la formación de los estudiantes de educación universitaria y tecnológica es el reto del Gobierno Federal, para ello, se plantea como principio la sólida formación académica del profesorado y su articulación en cuerpos académicos comprometidos con sus instituciones y vinculados con los medios nacionales e internacionales de generación y aplicación del conocimiento.

Todo sistema educativo del mundo es el resultado de la situación histórico- social, determinado por varios factores como, el sistema de gobierno, creencias, economía, geografía entre otras cosas. El nivel cultural y de desarrollo, es directamente proporcional al apoyo y a la formación del profesorado, por lo tanto, éste cambia de país en país acorde a su realidad; Pero también es cierto que gracias a los avances tecnológicos es casi imposible sustraerse o aislarse de la influencia internacional de modelos, reformas, modas, mandatos del aparato económico imperante, para apoyar los diferentes programas para el mejoramiento del profesorado.

En este mismo orden de ideas, realizando un breve recorrido internacional, en *Argentina* en 1999 el instrumento que fomenta el mejoramiento del profesorado es la creación de la "Secretaría de las Políticas Universitarias (SPU), donde existe un programa de incentivos docentes investigadores de las universidades nacionales, que estimula el desarrollo integrado a la carrera docente, (Rodríguez, 2002 citado en Maranto, 2017).

Continuando con el mismo autor, en *Brasil* el instrumento gubernamental que fomenta el mejoramiento del profesorado es la aprobación y publicación de la "Ley de Directrices y Bases de Educación" (LDB), normatividad que evalúa los programas de grado, en cuanto al desempeño de los estudiantes, mediante un programa de estímulos económicos y legales a la docencia sobre todo en universidades públicas.

En este mismo orden de ideas, en Chile, el "Fondo de Fomento al Desarrollo Científico y Tecnológico" (FONDETI) mediante el Programa de Mejoramiento de Calidad Y Equidad de la Educación Superior (MECESUP), son los instrumentos que fomentan el mejoramiento del profesorado, a través de apoyos que consisten aportaciones económicas y legales que promueven la participación docente.

Citando al mismo autor, en *Venezuela*, se promueve el mejoramiento del profesorado mediante el "Programa de promoción al investigador" (PPI), en donde se apoya a los académicos de las universidades públicas con incentivos mediante la evaluación permanente.

Por otra parte, en *España*, el instrumento que favorece el mejoramiento del profesorado es la "Ley Orgánica de Ordenación General del Sistema Educativo" (LOGSE) aprobada en 1990, con la cual se inicia los cambios importantes en la calidad del sistema educativo, a través [entre otras cosas], de la imperante necesidad de calificación y la especialización en la formación del profesorado. De igual forma el hecho de que

España se encuentre dentro de la Unión Europea a tenido la necesidad de adaptar sus titulaciones universitarias al Espacio Europeo de Educación Superior (EEES) mediante la aprobación de la ley de reforma del sistema educativo en el 2006 (Ley Orgánica de Educación) que exige una nueva formación y apoyo del profesorado, (Gálvez,2011).

Las áreas de oportunidad para la creación del PROMEP en México

Es importante mencionar que aún antes de este programa la educación universitaria en México ha participado de políticas desde los años ochenta en las cuales se crearon diferentes instancias quienes establecían una serie de propuestas y negociaciones para la mejora de la calidad educativa, así por ejemplo encontramos la Asociación de Universidades e Instituciones Educativas Superiores (ANUIES), también se crearon algunas instancias de regulación como el Consejo Nacional de Planeación de la Educación Superior (CONPES), la Comisión Nacional para la Evaluación de la Educación Superior (CONAEVA) y el Consejo Nacional de Ciencia y Tecnología (CONACYT) Navarro y Ferra, 2018.

La creación del Programa de Mejoramiento al profesorado partió de un análisis en donde se concluye que a diferencia de otros países las universidades públicas mexicanas están en desventaja por la falta de una plantilla suficiente de académicos-investigadores de tiempo completo y que posean una formación doctoral (SEP, 1998). El documento en mención señala que solo el 27% de los profesores universitarios tenía un contrato de tiempo completo y quienes tenían el grado de doctor era el 2.5%. Por lo tanto, la propuesta era tendiente a elevar la calidad del profesorado y mejorar su dedicación a las tareas académicas fundamentales, centradas en la figura del profesor de tiempo completo como docente-investigador, se buscaba reforzar la dinámica académica que constituye la columna vertebral de la educación superior. Por lo anterior, en el año de 1996, se establece el Programa para el Mejoramiento del Profesorado (PROMEP) por las Subsecretarías de Educación Superior e Investigación Científica (SESIC), de Educación e Investigación Tecnológicas (SEIT), el Consejo Nacional de Ciencia y Tecnología (CONACYT) y la Asociación Nacional de Universidades e Instituciones de Educación Superior (ANUIES).

Originalmente el PROMEP se visualizó con metas y objetivos a 10 años, sin embargo para después del 2006, siguió vigente, ya para el 2012 el programa cambió su nombre a Programa para el Desarrollo Profesional Docente (PRODEP), siendo los objetivos los mismos que inspiraron al primer programa: Establecer equipos de académicos de tiempo completo que se dediquen no solo a la docencia sino también a la investigación científica.

Conforme ha ido avanzando se han integrado cada vez mayor número de universidades. En sus inicios estaba dirigido exclusivamente a universidades públicas, Instituto Politécnico Nacional e Instituto Tecnológico en Sonora. Es importante hacer la precisión de que el PRODEP como política educativa se enfoca en la educación pública en todos los Estados cuyos Institutos de Educación Superior (IES) reciban presupuesto de este programa.

El modelo de PROMEP implicó desde sus inicios un esquema en el que los académicos son de tiempo completo, con doctorado, poseer alta productividad en investigación comprobada con publicaciones en revistas científicas, dar asignaturas en programas de calidad, además de la participación en evaluaciones y estímulos monetarios.

Marco normativo de los Cuerpos Académicos

En el Diario Oficial de la Federación (DOF, 1999), se establece el marco normativo que sustenta las reglas de operación del PROMEP, conforme a lo dispuesto por los artículos 3o. de la Constitución Política de los Estados Unidos Mexicanos; 38 de la Ley Orgánica de la Administración Pública Federal; 9o. de la Ley General de Educación; 23 y 26 de la Ley para la Coordinación de la Educación Superior; artículo 25 de la Ley de

Presupuesto, Contabilidad y Gasto Público Federal; 51, 52 fracciones I, II, III, IV, V, VII, VIII y IX, 53, 54 fracciones I, III y IV, 55 fracción I, 63, 64, 65 fracciones I, II, V, VII, VIII, octavo, noveno transitorios del Decreto de Presupuesto de Egresos de la Federación, y la Ley General de Desarrollo Social. Derivado de esto, se decreta que: - El Programa de Mejoramiento del Profesorado está sustentado en la legislación nacional.

- El Estado promoverá y atenderá directamente, mediante sus organismos descentralizados, a través de apoyos financieros, o bien, por cualquier otro medio, todos los tipos y modalidades educativas, incluida la educación superior.- Los recursos que conforme al Presupuesto de Egresos de la Federación se asignen a las instituciones de educación superior, se determinarán atendiendo a las prioridades nacionales y a la participación de las instituciones en el desarrollo del sistema de educación superior, considerando la planeación institucional y los programas de superación académica.-Cuando las instituciones requieran desarrollar proyectos adicionales de superación institucional y carezcan de fondos para ello, el Ejecutivo Federal podrá apoyarlas con recursos específicos, previa celebración del convenio respectivo y, en su caso, atendiendo el desarrollo de los convenios anteriormente celebrados.- El Programa de Mejoramiento del Profesorado (PROMEP) de las instituciones de educación superior (IES), se diseñe para atender lo señalado en el Plan Nacional de Desarrollo y en el Programa de Desarrollo Educativo (PIDE) 1995-2000 y posteriores.- La formación y actualización de maestros será la política de mayor relevancia y el eje del programa en el ámbito de la educación superior. Las acciones que se realicen para el logro de los objetivos de cobertura, calidad, pertinencia, organización y coordinación de este tipo educativo, se orientarán en función de esta política.- El Plan de Desarrollo Educativo establece como objetivo asegurar que el sistema nacional de educación superior cuente con el número suficiente de profesores-investigadores de alto nivel, para llevar a cabo las tareas académicas y las transformaciones que requiere la expansión de los servicios y el rápido proceso de avance en el conocimiento científico y desarrollo tecnológico.

Con base en este decreto, se observa que el surgimiento del Programa de Mejoramiento al Profesorado (PROMEP) de finales de 1996, cuya finalidad se centró en favorecer la habilitación de los profesores universitarios a nivel maestría y doctorado, daba respuesta a los retos derivados del análisis realizado a inicios de los 90's por la Secretaría de Educación Pública (SEP), en el Sistema Nacional de Educación Superior, donde se evidenciaba que predominaba un alto porcentaje de docentes de carrera en las Universidades Públicas Estatales, no contaban con el nivel académico adecuado (doctorado) y que no se realizaba una vinculación con las tareas de investigación y docencia a partir de las actividades de los Cuerpos Académicos (CA). (PROMEP, 2010). Es en este contexto, en donde la SEP se dio a la tarea de implementar el programa de mejoramiento, bajo el supuesto de que, al contar con profesores con mayor nivel académico, su desempeño sería mejor, lo que impactaría a su vez en la generación y difusión del conocimiento y en una mejor calidad educativa.

Para operar el Programa PROMEP, la Subsecretaría de Educación Superior e Investigación Científica de la SEP, a partir de 1997 estableció convenios de colaboración con las Universidades Públicas, en los que se sentaron las bases para mejorar el nivel de formación de sus profesores de tiempo completo e impulsar el desarrollo de los CA's adscritos a sus Dependencias de Educación Superior (DES) (PROMEP, 2010).

En este mismo documento, se menciona que durante la formulación del Programa Nacional de Educación 2001-2006, la Secretaría evaluó la operación del PROMEP y sus impactos en los procesos de mejora de la calidad de los programas académicos de las universidades públicas. Ello permitió identificar aspectos de su operación que debían fortalecerse e incluir nuevas políticas de apoyo y estrategias para coadyuvar más eficazmente al logro de sus objetivos y al desarrollo y consolidación de los Cuerpos Académicos de las instituciones adscritas al Programa.

De acuerdo con las Reglas de Operación del PROMEP publicadas en el Diario Oficial de la Federación, la normatividad que sustenta los cuerpos académicos es la siguiente: "En el marco de los objetivos contenidos en el Eje "Igualdad de oportunidades" del Plan Nacional de Desarrollo 2007-2012, "Eje 3", 2012 Objetivo 14 "Ampliar la cobertura, favorecer la equidad y mejorar la calidad y pertinencia de la educación superior" (PROMEP, 2009).

El PROMEP responde al propósito de impulsar la superación sustancial en la formación, dedicación y desempeño de los Cuerpos Académicos de las universidades, como un medio estratégico para elevar la calidad de la educación superior y que está dirigido a todos los profesores de tiempo completo, preferentemente, adscritos a cada una de las IES participantes en el PROMEP."

En este contexto, el Consejo Nacional para la Evaluación Educativa (CONEVAL) en su informe 2014-2015, da cuenta de los cambios realizados en los reglamentos en las Universidades Públicas Estatales, a fin de determinar el procedimiento y el sistema de evaluación para el otorgamiento de estímulos al profesorado con una vigencia de cuatro años. Al mismo tiempo se solicitó a las instituciones de educación superior, la incorporación de nuevos elementos en los rubros de actividades y productos académicos a evaluar tales como la innovación educativa, la internacionalización, el uso de las TIC y la calidad del profesionista, medida a través de los niveles alcanzados por los estudiantes en los exámenes de egreso del CENEVAL.

A partir de estas gestiones, en 2014 entra en vigor el Programa para el Desarrollo Profesional Docente (PRODEP), que articula acciones de los tres niveles de la educación con el fin de potenciar los esfuerzos del Gobierno Federal en materia de profesionalización de la planta docente, específicamente, la vertiente que atiende a la educación superior retoma las acciones, los apoyos y reconocimientos que se otorgaban a través del PROMEP.

En este sentido el PRODEP busca profesionalizar a los Profesores de Tiempo Completo (PTC) para que alcancen las capacidades de investigación-docencia, desarrollo tecnológico e innovación, con responsabilidad social, se articulen y consoliden en cuerpos académicos y con ello generen nuevas comunidades académicas a través de redes, capaces de transformar el entorno. Siendo el grado de consolidación que logran en sus líneas de investigación, el criterio con el que se evalúa el nivel de desarrollo de los CA (SEP, 2016).

Asimismo, se coloca como requisito el grado académico para ingresar al PRODEP, para lo cual la "SEP entrega anualmente recursos extraordinarios a las instituciones en función de diversos criterios a los profesores de tiempo completo (PTC), tales como:

- Pertenecer al Sistema Nacional de Investigadores
- Reconocimiento de Perfil Deseable
- Participación en cuerpos académicos consolidados o en consolidación
- Actividad docente en programas académicos de calidad" (CONEVAL 2014-2015).

El PRODEP promovió cambios contundentes en los temas de política educativa, sobre todo al establecer bases sólidas en el trabajo colegiado de los profesores, ya que el progreso derivado de estos grupos "fomentaría la cultura de la mejora en su misión, propiciando que cada uno de ellos se desarrollara profesionalmente y en conjunto, su unión permitiría además, promover acciones sustantivas respaldadas en el trabajo colaborativo, manifiesto en la estructuración de equipos disciplinarios de reconocido valor entre los profesores, lo cual se esperaba que contribuyera en el perfeccionamiento de la cátedra a través de la investigación y el trabajo conjunto" (SEP, 2016).

Los resultados del programa son destacables porque indican que el programa ha conseguido movilizar a las Universidades Públicas Estatales (UPE) y a sus PTC (Profesores de tiempo Completo) para que mejoren los indicadores de calidad que actúan como criterios a partir de los cuales se asignan los estímulos económicos.

Por lo tanto, la SEP considera que la creación de los CA's, responde a las demandas actuales de la sociedad del conocimiento, ya que la manera cotidiana de producción del conocimiento se respaldaba en la capacidad de una persona de crear ciencia y tecnología, sin embargo, la difusión del conocimiento no se suscribe al ámbito individual sino a lo colectivo, por lo que el trabajo multidisciplinario regulado en los CA's es pertinente en las Instituciones de Educación Superior (IES) que fomenten el trabajo colegiado y propicien la creación de redes de colaboración (Romo, 2012).

Lo anterior, considerando que la importancia de los cuerpos académicos radica en que ellos:

a) Son la fuerza motriz del desarrollo institucional.

b) Forman recursos humanos de profesional asociado, licenciatura y posgrado.

c) Garantizan el cumplimiento de los objetivos institucionales.

d) Autorregulan el funcionamiento institucional.

e) Propician ambientes académicos de gran riqueza intelectual.

f) Prestigian a la institución.

El PRODEP reconoce a los cuerpos académicos en tres categorías: Cuerpo Académico Consolidado (CAC), Cuerpo Académico en Consolidación (CAEC) y Cuerpo Académico en Formación (CAEF), de manera específica instituye las características complementarias a lo que se refiere la consolidación de los cuerpos académicos de las diferentes universidades públicas, estatales y afines que a continuación se presentan (PRODEP, s.f.).

Características de un Cuerpo Académico Consolidado (CAC)

En las Universidades Públicas Estatales y afines:

Los integrantes poseen extensa experiencia en docencia y alto nivel de conocimiento de recursos humanos, deben mostrar una intensa actividad académica de manera regular y frecuente que son plasmadas en congresos, seminarios, mesas y taller, entre otro, a su vez, deben mantener una alta participación en redes de intercambio académico con sus pares, en el México y con otros países.

La mayoría de sus integrantes tienen la máxima capacitación académica, alto compromiso con la institución, capacidad innovadora para generar o aplicar el conocimiento de manera independiente y colaboran entre sí, su producción es evidencia de ello, además de contar con el reconocimiento de perfil deseable.

En las Universidades Politécnicas y los Institutos Tecnológicos: Los integrantes poseen extensa experiencia en docencia y alto nivel de conocimiento de recursos humanos, manteniendo un compromiso institucional e intensa vida colegiada llena de actividad académica que se manifiesta de manera regular y frecuente en congresos, seminarios, mesas y talleres de trabajo, etc. Demuestran participación en redes de intercambio académico, con sus pares en México y con otros países, además con organismos e instituciones nacionales y del extranjero.

Además, los integrantes ponen en práctica sus conocimientos para dar un plus en el desarrollo de las instituciones y empresas que buscan un cambio o transformación para su crecimiento y mejora de las tecnologías existentes, a su vez, dan a conocer su producción académica reconocida por su buena calidad que se derivada de las líneas de investigación consolidadas.

El grado preferente que se debe contar los integrantes del Cuerpo Académico de las Universidades Politécnicas e Institutos Tecnológicos es el Doctorado en la mayoría de los integrantes.

En las Universidades Tecnológicas:

Los integrantes poseen un alto compromiso con la institución, dan evidencia de colaboración entre sí y su desarrollo, además, exponen una intensa vida colegiada y una crecida actividad académica de manera regular y frecuente que se plasma en congresos, seminarios, mesas y talleres de trabajo, etc. Y dan a conocer su producción académica reconocida por su buena calidad que se deriva de las Líneas de Investigación consolidadas.

Sus integrantes deben contar en su mayoría con el grado de Licenciatura, Especialidad o Maestría que los habilita para desenvolverse y poner en práctica de forma innovadora el conocimiento.

Características de un Cuerpos Académicos en consolidación

En las Universidades Públicas Estatales y afines:

Los integrantes colaboran con otros Cuerpo Académicos e intervienen simultáneamente en líneas bien definidas de generación o aplicación innovadora del conocimiento. La mayoría de ellos posee reconocimiento del perfil deseable, por lo menos la tercera parte posee con una extensa experiencia en docencia y alto nivel de conocimiento de recursos humanos y más de la mitad cuenta con la máxima habilitación y con productos de generación o aplicación innovadora del conocimiento.

En las Universidades Politécnicas y los Institutos Tecnológicos:

Los integrantes poseen extensa experiencia en docencia y alto nivel de conocimiento de recursos humanos, dan a conocer una producción académica reconocida por su buena calidad derivadas del desarrollo de sus Líneas de Investigación. Cuentan con una colaboración entre sus integrantes, vida colegiada y acciones académica, tienen una infraestructura para desarrollar las Líneas de Investigación propuestas.

La mitad de sus integrantes posee reconocimiento del perfil deseable y por lo menos uno es líder académico a nivel nacional o pertenece al Sistema Nacional de Investigadores (SIN).

En las Universidades Tecnológicas:

Sus integrantes capitalizan las líneas de acción y vinculación con las organizaciones y la sociedad con el fin de trazar proyectos y líneas de generación para la aplicación del conocimiento. De acuerdo a las líneas de investigación muestran el efecto que han logrado en la sociedad y/ las organizaciones, preparan productos de investigación que sistematicen la experiencia de las acciones de vinculación (estudios de caso, artículos, capítulos de libro, libros, bases de conocimientos, manuales de operación, informes técnicos como resultados de las asesorías y consultorías asociadas a las Líneas de Investigación, elaboración de software, etc.) y muestran sus resultados de asesoría e investigación en congresos, seminarios y eventos similares. Más de la mitad de los integrantes cuenta con nivel de posgrado (especialidad, maestría o doctorado) y tener perfil PROMEP.

Características de un Cuerpos Académicos en Formación (CAEF)

En las Universidades Públicas Estatales y afines:

Por lo menos la mitad de sus integrantes tiene el reconocimiento del perfil deseable, cuentan con líneas de generación o aplicación de conocimiento definidas, reconocen de otras instituciones del país o del extranjero algunos Cuerpos Académicos afines de alto nivel con quienes desean establecer contactos. En las Universidades Politécnicas y los Institutos Tecnológicos:

Al menos uno de sus miembros tiene reconocimiento con el perfil deseable, reconocen algunos Cuerpos Académicos de otras instituciones afines con quienes esperan fundar proyectos de colaboración académica y cuentan con Líneas de Investigación definidas que desean desarrollar. En las Universidades Tecnológicas:

Identifican a sus integrantes y mantienen una vinculación con la sociedad por medio de su colaboración en estadías, servicio social, prácticas profesionales, por último, deberá reflejar en el nombre del CA las Líneas de Investigación que se desarrollarán teniendo pertinencia con la región.

Los CA´s y las redes de investigación

Los conceptos y montos para el fortalecimiento de los Cuerpos Académicos, la integración de Redes temáticas de colaboración de cuerpos académicos, la integración de Redes para Comunidades Digitales para el Aprendizaje en Educación Superior (CODAES), las Redes para el Desarrollo y Evaluación de Competencias para Aprendizajes en Educación Superior (DESCAES), se detallan en la normativa de PRODEP (2017).

La idea que subyace a la formación de Redes temáticas de colaboración de cuerpos académicos, deviene de los principales objetivos de la (ANUIES), consistentes en propiciar la complementariedad, la cooperación, la internacionalización y el intercambio académico de sus miembros a través de la conformación, desarrollo y consolidación de redes temáticas de colaboración nacionales y regionales (ANUIES, 2017).

Del mismo modo, dentro del sustento para el fortalecimiento de los Cuerpos Académicos, la integración de Redes temáticas de colaboración de cuerpos académicos, surge como algo importante para su desarrollo en las IES y de acuerdo a las reglas de operación se incrementa el apoyo económico para el establecimiento de las redes, esto publicado en el Diario de la Federación publicado el miércoles 28 de diciembre de 2015.

Para la ANUIES, una red de colaboración es un colectivo conformado por académicos, especialistas y estudiantes cuyo trabajo se fundamenta en flujos permanentes y continuos de comunicación, información, intercambio de recursos, experiencias y conocimientos. El trabajo que se desarrolla en el marco de dichas redes de colaboración cobra relevancia ya que, guía el interés común de los miembros del colectivo y de las instituciones que representan, a saber, consolida, mejora y potencia las capacidades de las instituciones de educación superior, IES, para la difusión y generación de conocimientos, así como el fomento de la cultura, la ciencia y la tecnología.

Con respecto a los apoyos financieros para participar en una red, los CA solicitantes deberán:

a) Estar registrados ante un Programa Educativo

b) Constituir una red con tres CA como mínimo. Al menos dos deben ser de las IES adscritas al Programa y el tercero puede ser ajeno, pero deberá reunir las características de un CAC.

c) Elaborar un proyecto de investigación donde cada CA participante especifique el trabajo a realizar de manera complementaria para el desarrollo de la temática planteada. Este proyecto debe tener, preferentemente identificado el posible aprovechamiento por los diferentes actores de la sociedad.

d) Designar un cuerpo académico responsable de la red, quien deberá ser miembro de una de las IES, adscritas al Programa.

La integración de una red deberá perseguir alguno de los siguientes objetivos:

a) Ampliar y complementar las líneas de generación y aplicación innovadora del conocimiento, investigación aplicada y desarrollo tecnológico o lengua, cultura y desarrollo que realizan los CA solicitantes.

b) Fomentar la realización conjunta de proyectos de investigación o de estudio, investigación aplicada y desarrollo tecnológico o lengua, cultura y desarrollo, y la interacción de la investigación y el sector productivo a partir de la experiencia de los cuerpos académicos con la industria o la empresa.

c) Propiciar la colaboración entre los CA para el desarrollo de soluciones a problemas de interés regional o nacional basados en la investigación o en el desarrollo tecnológico.

d) Propiciar la movilidad de profesores/as y estudiantes. (2016 DIARIO OFICIAL, Novena Sección)

Los recursos que conforme al Presupuesto de Egresos de la Federación se asignen a las IES deberán ser ejercidos exclusivamente por las autoridades educativas federales y estatales los cuales serán determinados atendiendo a las prioridades nacionales y a la participación de las IES en el desarrollo del sistema de educación superior y considerando la planeación institucional y los programas de superación académica.

Bajo esta lógica se crea la Red Nacional de Salud y Educación, en la que participan los siguientes cuerpos académicos: "Sociología de la Salud" de la Universidad Autónoma de Querétaro, "Enfermería y Salud", "Riesgos a la salud" y "Proceso educativo y trayectoria escolar y cuidado integral de enfermería en el adulto" de la Universidad Veracruzana Campus Xalapa y Poza Rica respectivamente, "Enfermería, Estilos de vida y conductas en salud" de la Universidad Autónoma de Zacatecas, "Cuidado y Salud" de la Universidad Autónoma de Ciudad Juárez, "Educación y Enfermería" de la Universidad Autónoma de Chihuahua, los cuerpos "Bioética en la formación médica", "Cultura y Educación en Salud" y "Educación para la salud, Salud ocupacional y Prevención de desastres" de la Universidad Autónoma del Estado de México, y el CA "Evaluación Educativa" de la Universidad Autónoma de México. Siendo, en su conjunto los creadores de este documento.

CONCLUSIONES

Se han tenido avances importantes en las IES, el PRODEP, sobre todo al lograr en algunas Universidades porcentajes altos de la planta docente con perfil PRODEP, al incrementar los índices de SNI, de Cuerpos Académicos Consolidados y de programas de calidad con reconocimiento.

Sin embargo el fortalecimiento del área de producción académica se sigue considerando como área de oportunidad para las IES ya que se requiere de un alto grado de compromiso por parte de PTC's y directivos de las Universidades.

Las Redes Temáticas de colaboración no solo han permitido el intercambio de experiencias, Ávila de Lima (2008) las considera de gran relevancia ya que generan un aprendizaje profesional de gran alcance, que repercute en los estudiantes.

Los riesgos de sobrecarga de trabajo en los integrantes de los CA limitan la participación en las redes ya que adicional al trabajo de los CA deben impartir docencia, evaluación de programas académicos, gestión administrativa, hacer investigación, difusión o divulgación, formar nuevos cuadros y tutorar alumnos por lo que tienen poco tiempo para dedicarse a las actividades adicionales que se generan derivadas de los acuerdos y compromisos establecidos en las redes. Esto muchas veces evita concursar para la obtención de recursos y fortalecer los CA. Por lo que es importante el apoyo Institucional para el logro de los objetivos.

REFERENCIAS BIBLIOGRÁFICAS

ANUIES. (1996) *Programa de mejoramiento del profesorado de las instituciones de educación superior.* http://publicaciones.anuies.mx/acervo/revsup/res101/txt8.htm

ANUIES. (2017) Redes de Colaboración.

http://www.anuies.mx/anuies/redes-de-colaboracion.

CONEVAL. Consejo Nacional de Evaluación de la Política de Desarrollo Social. (2010-2011). *Informe de la Evaluación Específica de Desempeño XI Congreso Nacional de Investigación Educativa / 13. Política y Gestión / Ponencia. Valoración de la Información contenida en el Sistema de Evaluación del Desempeño* (SED).

Diario Oficial de la Federación (DOF), 24/05/1999. *Reglas de operación e indicadores del programa de mejoramiento del profesorado.* http://www.dof.gob.mx/nota_detalle.php?codigo=4948770&fecha=24/05/1999.

Diario Oficial de la Federación. DOF:(31/12/2015) *Acuerdo número 24/12/15 por el que se emiten las Reglas de Operación del Programa para el Desarrollo Profesional Docente para el ejercicio fiscal 2016.* (Continúa de la Decimoprimera Sección) (Segunda Sección), 1 Segunda sección SEP.

http://dof.gob.mx/nota_detalle.php?codigo=5422015&fecha=31/12/2015

Diario Oficial de la Federación. DOF:, (28/02/2007). (Decimoprimera Sección), *Reglas de Operación del Programa de Mejoramiento del Profesorado. Secretaria de Educación Pública.* www.funcionpublica.gob.mx/.../2007/11%20SEP%2007/11-05%20SEP%2007%20P.

Diario Oficial de la Federación, DOF: (28/12/2016) *Acuerdo por el que se emiten las Reglas de Operación del Programa para el Desarrollo Profesional* Docente para el Ejercicio Fiscal 2017. http://www.dof.gob.mx/nota_detalle.php?codigo=5467922&fecha=28/12/2016

Diario Oficial de la Federación, (DOF) Novena Sección. (2016) *Apoyo para el fortalecimiento de los Cuerpos Académicos, la integración de Redes temáticas de colaboración de cuerpos académicos, gastos de publicación, registro de patentes y apoyos posdoctorales.* http://www.dgesu.ses.sep.gob.mx/Documentos/DSA%20gobmx/PDF/Apoyo%20para%20el%20fortalecimiento%20de%20los%20Cuerpos%20Académicos,%20la%20integración%20de%20Redes%20temáticas.

Edel-Navarro, R., Ferra-Torres, G., & de Vries, W. (2018). *El PRODEP en las Escuelas Normales mexicanas: efectos y prospectiva. Revista de la educación superior,* 47(187), 71-92. http://resu.anuies.mx/ojs/index.php/resu/article/view/419/319

López Leyva, S. (2010). *Cuerpos académicos: factores de integración y producción de conocimiento.* Revista de la educación superior, 39(155) ,7-25.

Leyva, S. L. (2010). *Cuerpos académicos: factores de integración y producción de conocimiento.* CONEVAL informe 2014-2015)

Maranto Rivera, M. (marzo de 2017). *Incentivos, restricciones y tensiones de los académicos universitarios en Hidalgo: El caso del perfil deseable del programa de mejoramiento del profesorado en la Universidad del Estado de Hidalgo.* Pachuca de Soto, México

Rodríguez, R (2002) *La educación superior en México. Revista Mexicana de Investigación Educativa.*

http:// file:///Users/oscarangelgomezteran/Downloads/Dialnet-ElBurnoutAcademicoYLaIntencionDeAbandonoDeLosEstud-8073001.pdf

Gobierno de México, P. (s.f.). *PRODEP Programa para el Desarrollo Profesional Docente, para el Tipo Superior*. https://www.dgesui.ses.sep.gob.mx/programas/programa-para-el-desarrollo-profesional-docente-para-el-tipo-superior-s247-prodep

SEP. (1992). *Acuerdo Nacional para la Modernización de la Educación Básica: Secretaría de Educación Pública, México*. https://www.sep.gob.mx/work/models/sep1/Resource/b490561c-5c33-4254-ad1c-aad33765928a/07104.pdf

Tinajero, G.; Pérez, C. y López, G. (2009). *Conformación y desarrollo de los CA en la UABC*. [Memoria electrónica]. Ponencia presentada en el X Congreso Nacional de Investigación Educativa en Veracruz, México.

Zogaib Achcar, E. (2000) "*El Programa de Mejoramiento del Profesorado (PROMEP) y sus críticas*". *Revista Mexicana de Ciencias Políticas y Sociales*, Vol. XLIV núm. septiembre-abril, pp. 135-157.

SEP (1997) Programa de Mejoramiento del Profesorado. Dirección General de Educación Superior Universitaria. http://www.sep.gob.mx/work/models/sep1/Resource/73e04040-b104-409d-b859-27f890163829/informe_finalpromep.pdf

SEP (2010) Programa de Mejoramiento del Profesorado. http://www.sep.gob.mx/work/models/sep1/Resource/73e04040-b104-409d-b859-27f890163829/informe_finalpromep.pdf

SEP (2017) Programa de Mejoramiento del Profesorado. Reglas de operación Cuerpos Académicos. http://www.dgesu.ses.sep.gob.mx/PRODEP.htm

CAPÍTULO II.
Cuerpos académicos registrados por entidad en México

Tejo Ortíz Perla María, Araujo Espino Roxana, Flores Romo Ana Gabriela y Calderón Ibarra Alejandro

INTRODUCCIÓN

El desarrollo de los Cuerpos Académicos (CA) en México se remonta a la segunda mitad de la década de los 90, cuando se crea el Programa de Mejoramiento del Profesorado (PROMEP, actualmente denominado Programa para el Desarrollo Profesional Docente, PRODEP), como una manera de profesionalizar a los académicos de las instituciones de educación superior y dar atención a la matrícula que aumentó en 200 % entre los 70 y 90 (Pulido-Téllez, et al, 2017).

Hasta hoy, el objetivo general de dicho programa ha sido contribuir a que los Profesores de Tiempo Completo (PTC) de las instituciones públicas de educación superior alcancen las capacidades para realizar investigación y docencia, desarrollo tecnológico e innovación y, con responsabilidad social, se articulen y consoliden en cuerpos académicos y con ello generen una nueva comunidad académica capaz de transformar su entorno (Secretaría de Educación Pública, 2019).

Al respecto, se considera que un *Cuerpo Académico* (*CA*) es el Grupo de profesores/as de tiempo completo que comparten una o varias líneas de generación de conocimiento, investigación aplicada o desarrollo tecnológico e innovación en temas disciplinares o multidisciplinares, además de un conjunto de objetivos y metas académicas. Adicionalmente, atienden los programas educativos afines a su especialidad en varios tipos (Secretaría de Educación Pública, 2019). Su grado de consolidación puede variar dependiendo de la madurez de las líneas de generación y aplicación del conocimiento que se desarrollen, pudiendo ser un CA en formación, en consolidación o consolidado (Universidad de Colima, 2018).

La dinámica de crear grupos de trabajo es favorecer el intercambio de ideas, generar redes y convenios para el desarrollo de un área de conocimiento en común, que no sólo beneficie a aquellos que lo trabajan, sino a las instituciones y a los estudiantes que se encuentran en contacto con estos profesores (Cabrera y Pons, 2013). Lo anterior fundamentado en el Eje 2 sobre Política Social del Plan Nacional de Desarrollo 2019-2024, a través del cual se pretende articular las acciones del Gobierno Federal en el ámbito educativo, siendo una de sus vertientes garantizar el acceso efectivo de los jóvenes a una educación de calidad (Secretaría de Educación Pública, 2019).

De acuerdo con Beltrán-Poot (2015) el significado que los profesores tienen sobre los cuerpos académicos es positivo. Reconocen que, a través de estos grupos de trabajo, el nuevo rol del docente universitario mexicano, es no sólo como agente transmisor de conocimientos, sino más bien como creador y gestor de soluciones de problemas, lo que garantiza que el estudiante imite y profundice en dichas competencias.

Considerando que la incorporación de un profesor a un CA, es libre y voluntaria y que el financiamiento de las Instituciones de Educación Superior se condicionó, en parte, a la presencia de CA consolidados (Yuren, et al., 2015), el desarrollo de estos grupos de profesores por entidad federativa en México ha sido variable, tanto en número como en grado de consolidación, por lo que el presente capítulo se desarrolla a manera de analizar los CA registrados por entidad, área de conocimiento y grado de consolidación.

DESARROLLO DEL TEMA

Después de revisar y analizar detalladamente los cuerpos académicos registrados ante el PRODEP se encontró que la Universidad de Guadalajara predomina con 86 cuerpos académicos, 22 son consolidados, 18 se encuentran en consolidación y 46 con grado de formación. Posteriormente, se encuentra la Universidad Autónoma de Nuevo León con un total de 61 cuerpos académicos, donde 18 se encuentran consolidados, 21 en consolidación y 22 en formación. En tercer lugar, se ubica la Universidad Veracruzana que tiene 49 cuerpos académicos, de los cuales 8 se encuentran consolidados, 12 en consolidación y 29 en formación. En un cuarto lugar, se postula la Benemérita Universidad Autónoma de Puebla, con un total de 25 cuerpos académicos, donde 7 de ellos se encuentran consolidados, 13 con grado de consolidación y 5 en formación.

Las Universidades de Baja California y San Luis Potosí ocupan el quinto lugar con 24 cuerpos académicos cada una, la primera cuenta con 4 cuerpos consolidados, 7 en consolidación y 13 en formación, mientras que la segunda está integrada por 14 cuerpos consolidados, 6 en consolidación y 4 en formación. En la sexta posición se ubican las universidades de Guerrero y del Estado de México con un total de 22 cuerpos académicos, la primera cuenta con 6 cuerpos consolidados, 8 en consolidación y 8 en formación, mientras que la Universidad del estado de México está integrada por 8 consolidados, 8 en consolidación y 6 en formación. Las universidades de Durango, Yucatán y Zacatecas ocupan la séptima posición en el país con 19 cuerpos académicos. La primera cuenta con 7 cuerpos en grado de consolidados, 8 en consolidación y 4 en formación, por su parte Yucatán cuenta con 7 cuerpos con grado de consolidados, 11 en consolidación y 1 en formación y finalmente, la universidad de Zacatecas cuenta con 6 cuerpos consolidados, 11 en vías de consolidación y 2 con grado de formación (Ver Tabla 1).

Tabla 1

Cuerpos Académicos de las diferentes universidades de México

Universidad	Cuerpos Académicos	Grado de Consolidación de los cuerpos académicos		
		CAC	CAEC	CAEF
Benemérita Universidad Autónoma de Puebla	233	119	84	30
Centro de Investigación y de Estudios Avanzados del Instituto Politécnico Nacional	37	5	9	23
El Colegio de Chihuahua	1	0	0	1
El Colegio de México, A.C.	24	11	4	9
El Colegio de Sonora	4	3	1	0
El Colegio Mexiquense, A.C.	9	3	6	0
Escuela Nacional de Antropología e Historia	4	1	1	2
Escuela Nacional de Conservación, Restauración y Museografía	4	-	-	4
Instituto Tecnológico de Sonora	35	19	11	5
Universidad Autónoma Agraria Antonio Narro	33	6	15	12
Universidad Autónoma Benito Juárez de Oaxaca	37	6	12	19
Universidad Autónoma de Aguascalientes	42	25	16	1
Universidad Autónoma de Baja California	227	71	56	100
Universidad Autónoma de Baja California Sur	16	6	9	1

Universidad Autónoma de Campeche	24	9	9	6
Universidad Autónoma de Chiapas	80	23	38	19
Universidad Autónoma de Chihuahua	62	29	20	13
Universidad Autónoma de Ciudad Juárez	82	52	29	1
Universidad Autónoma de Coahuila	90	21	25	44
Universidad Autónoma de Guerrero	91	33	37	21
Universidad Autónoma de Nayarit	87	14	39	34
Universidad Autónoma de Nuevo León	280	102	88	90
Universidad Autónoma de Occidente	16	5	5	6
Universidad Autónoma de Querétaro	77	49	18	10
Universidad Autónoma de San Luis Potosí	127	59	39	29
Universidad Autónoma de Sinaloa	92	32	32	28
Universidad Autónoma de Tamaulipas	100	33	41	26
Universidad Autónoma de Tlaxcala	60	24	25	11
Universidad Autónoma de Yucatán	80	35	37	8
Universidad Autónoma de Zacatecas	118	51	50	17

Universidad Autónoma del Carmen	23	9	13	1
Universidad Autónoma del Estado de Hidalgo	76	46	20	10
Universidad Autónoma del Estado de México	234	89	82	63
Universidad Autónoma del Estado de Morelos	96	53	25	18
Universidad Autónoma Metropolitana Azcapotzalco	77	24	16	37
Universidad Autónoma Metropolitana de Cuajimalpa	26	7	8	11
Universidad Autónoma Metropolitana Iztapalapa	95	38	32	25
Universidad Autónoma Metropolitana Lerma	9	2	2	5
Universidad Autónoma Metropolitana Xochimilco	57	12	19	26
Universidad de Ciencias y Artes de Chiapas	24	14	6	4
Universidad de Colima	80	22	32	26
Universidad del Caribe	11	1	7	3
Universidad de Guadalajara	583	109	157	317
Universidad de Guanajuato	119	55	41	23
Universidad del Istmo	10	-	3	7
Universidad del Mar	18	1	5	12
Universidad de Papaloapan	24	1	4	19
Universidad Estatal de Sonora	8	3	2	3
Universidad de la Sierra	5	-	-	5
Universidad de la Sierra Juárez	6	1	1	4

Universidad de la Ciénega del Estado de Michoacán de Ocampo	3	-	2	1
Universidad de la Cañada	8		1	7
Universidad de la Sierra Sur	15	1	1	13
Universidad de Oriente	5	-	-	5
Universidad de Quintana Roo	32	7	10	15
Universidad de Sonora	98	36	39	23
Universidad Estatal del Valle de Ecatepec	4	-	-	4
Universidad Interserrana del Estado de Puebla Chilchotla	1	-	-	1
Universidad Juárez Autónoma de Tabasco	81	19	45	17
Universidad Juárez del Estado de Durango	56	21	25	10
Universidad Pedagógica Nacional	50	2	8	40
Universidad Michoacana de San Nicolás de Hidalgo	148	45	52	51
Universidad Popular de la Chontalpa	6	-	5	1
Universidad Tecnológica de la Mixteca	16	3	4	9
Universidad Veracruzana	304	69	106	129
Total	**4580**	**1536**	**1529**	**1515**

Nota: Cuerpos Registrados en PRODEP

n = 4580

Tabla 2

Cuerpos Académicos área de Ciencias de la Salud

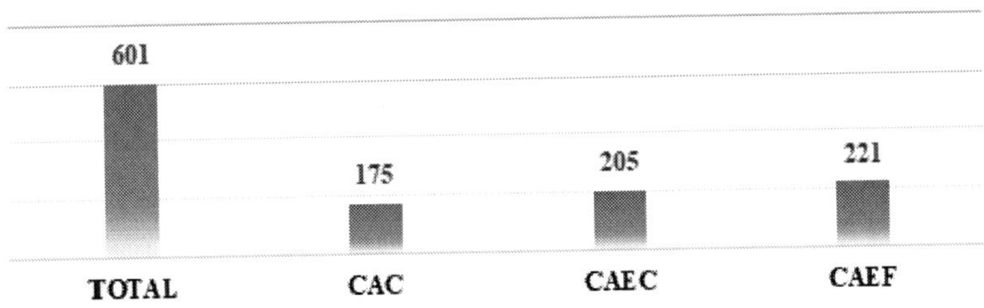

Fuente: Elaboración propia de Cuerpos Académicos Consolidados (CAC); Cuerpos Académicos en Consolidación (CAEC); Cuerpos Académicos en Formación (CAEF)

Entre las universidades con CA registrados en el área de la salud, destaca la Universidad de Guadalajara con 86, 22 de los cuales están consolidados, 18 en consolidación y 46 en formación. En segundo lugar, se ubica la Universidad Autónoma de Nuevo León con 18 CA, 18 consolidados, 21 en consolidación y 22 en formación. La Universidad Veracruzana ocupa la tercera posición al contar con 49 CA, en su mayoría en formación (n = 29), sólo ocho consolidados y 12 en consolidación. La Benemérita Universidad Autónoma de Puebla continúa en la lista de universidades mayor número de CA registrados en esta área al contar con 25, siete consolidados, 13 en consolidación y cinco en formación. Finalmente, la quinta posición la ocupan la Universidad Autónoma de Baja California y la Universidad Autónoma de San Luis Potosí, con 24 CA cada una como se observa en la Tabla 2.

Tabla 3

Cuerpos Académicos área de Educación, Humanidades y Artes

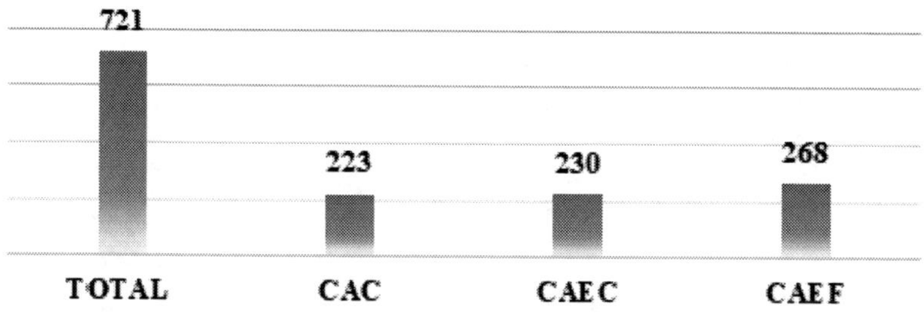

Fuente: Elaboración propia de Cuerpos Académicos Consolidados (CAC); Cuerpos Académicos en Consolidación (CAEC); Cuerpos Académicos en Formación (CAEF).

En la Tabla 3, se muestran los cuerpos CA del área del conocimiento de educación, humanidades y artes, la cual se integra por 721 CA, de los cuales 223 se encuentran con grado de consolidados, 230 en consolidación y 268 en estatus de formación. En esta área se encuentra a la cabeza la universidad de Guadalajara con 100 cuerpos académicos registrados ante PRODEP, donde 17 se encuentran en grado de consolidados, 30 en consolidación y 53 en formación. En segundo lugar, la Universidad Veracruzana con 48 CA, 14 de ellos consolidados, 19 en consolidación y 15 en formación. Por su parte, la Universidad Pedagógica Nacional ocupa el tercer lugar con 42 CA, uno con grado de consolidado, 8 en consolidación y 33 en formación. El cuarto lugar es para la Universidad Autónoma de México con un total de 39 CA, teniendo 12 cuerpos consolidados, 15 en consolidación y 12 en formación. La quinta posición es para la Universidad Autónoma de Nuevo León con un total de 33 CA, cinco de ellos consolidados, 12 en vías de consolidación y 16 en formación (Tabla 3).

Tabla 4

Cuerpos Académicos área de Ingeniería y Tecnología

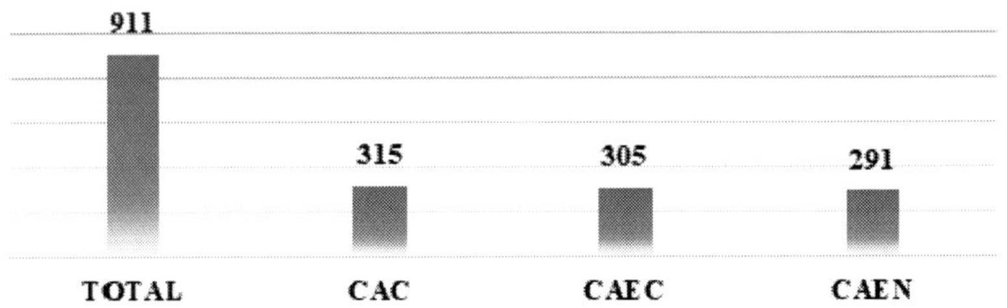

Fuente: Elaboración propia en Cuerpos Académicos Consolidados (CAC); Cuerpos Académicos en Consolidación (CAEC); Cuerpos Académicos en Formación (CAEF).

En lo que respecta al área del conocimiento de Ingeniería y Tecnología, ésta se encuentra integrada por 911 CA de los cuales 315 están registrados en estatus de consolidados, 305 en vías de consolidación y 291 en formación. La Universidad de Guadalajara encabeza la lista con 12 CA consolidados, 23 en consolidación y 38 en formación; le sigue la Universidad Veracruzana con 69 CA, 12 de los cuales se encuentran con grado de consolidados, 25 en consolidación y 32 en formación. En tercer lugar, se encuentra la Universidad de Baja California con 60 cuerpos académicos, 21 consolidados, 10 en consolidación y 29 en formación. La Universidad Autónoma de Nuevo León se encuentra en la cuarta posición con 53 CA registrados, 20 de ellos están consolidados, 15 en consolidación y 18 en formación. En quinto lugar, se ubica la Benemérita Universidad Autónoma de Puebla con 42 CA distribuidos de la siguiente manera: 22 consolidados, 17 en consolidación y 3 en formación (Tabla 4).

Tabla 5

Cuerpos Académicos Área de Sociales y Administrativas

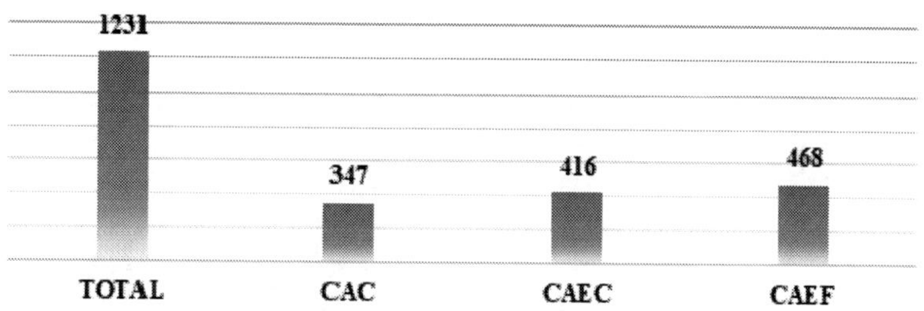

Fuente: Elaboración propia en Cuerpos Académicos Consolidados (CAC); Cuerpos Académicos en Consolidación (CAEC); Cuerpos Académicos en Formación (CAEF).

En la Tabla 5, se muestran los CA del área del conocimiento de Sociales y Administración, misma que tiene registrados 1231 CA, 347 en grado de consolidados, 416 en vías de consolidación y 468 en formación. En primer lugar, se ubica la Universidad de Guadalajara con 188 CA, de los cuales 27 están consolidados, 47 en consolidación y 114 en formación. En segundo lugar, se ubica la Universidad del Estado de México con 82 CA, 27 consolidados, 35 en consolidación y 21 en formación. El tercer lugar es ocupado por la Universidad Autónoma de Baja California, con 69 CA, 18 con grado de consolidados, 20 en vías de consolidación y 31 en formación. En cuarto lugar, se impone la Universidad Autónoma de Nuevo León con 68, distribuidos de la siguiente manera: 20 consolidados, 20 en vías de consolidación y 28 en formación. El quinto lugar es ocupado por la Universidad Veracruzana con 64 cuerpos registrados, 11 de ellos se encuentran con grado de consolidados, 24 en vías de consolidación y 29 en formación.

Tabla 6

Cuerpos Académicos Área de Agropecuarias

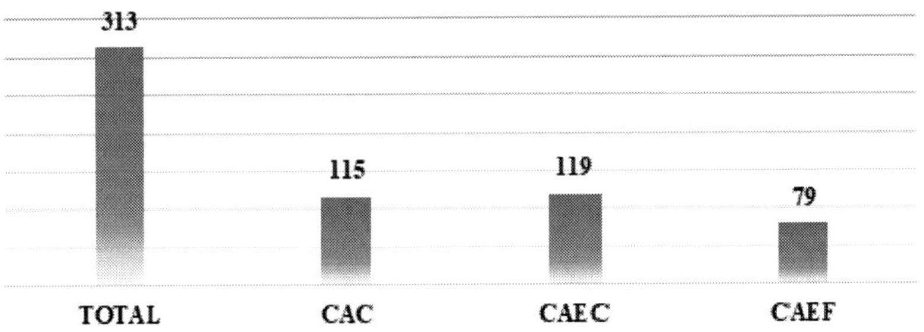

Fuente: "elaboración propia Cuerpos Académicos Consolidados (CAC); Cuerpos Académicos en Consolidación (CAEC); Cuerpos Académicos en Formación (CAEF).

Con respecto a los CA del área de Agropecuarias, en total existen 312, de los cuales 115 se encuentran consolidados, 119 en vías de consolidación y 78 en formación. En primer lugar, se posiciona la Universidad Autónoma de Agraria Antonio Narro con 29 cuerpos, seis consolidados, 13 en vías de consolidación y 10 en formación. En segundo lugar, se ubica la Universidad Autónoma del Estado de México con 26 CA, 15 consolidados, ocho en vías de consolidación y tres en formación. La Universidad Veracruzana se posiciona en tercer lugar con 22 CA, cinco con grado de consolidados, seis en vías de consolidación y 11 en formación. Posteriormente se ubica la Universidad de Guadalajara con 21 cuerpos registrados, de ellos dos se encuentran consolidados, nueve en vías de consolidación y 10 en formación. En quinto lugar, se coloca la Universidad Michoacana de San Nicolás de Hidalgo con 13 cuerpos registrados, cuatro se consolidados, siete en consolidación y dos en formación (Tabla 6).

Tabla 7

Cuerpos Académicos del área de Naturales y Exactas

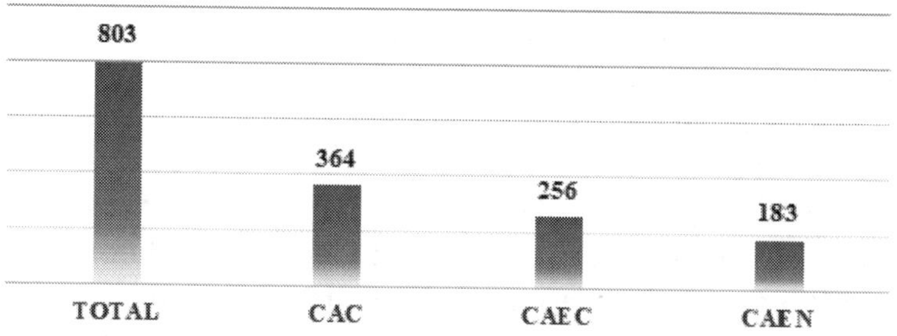

Fuente: Elaboración propia de Cuerpos Académicos Consolidados (CAC); Cuerpos Académicos en Consolidación (CAEC); Cuerpos Académicos en Formación (CAEF).

En la Tabla 7, se muestran los CA del área del conocimiento de Naturales y Exactas, ésta área se integra por 803 CA registrados, de los cuales 364 se encuentran con grado de consolidados, 256 en vías de consolidación y 183 cuerpos en formación. En primer lugar, se ubica la Universidad de Guadalajara con 112 cuerpos registrados, 28 consolidados, 30 en consolidación y 54 en formación. En segundo lugar, se ubica la Benemérita Universidad Autónoma de Puebla con 70 cuerpos académicos, 50 consolidados, 13 en consolidación y siete en formación. La tercera posición la ocupa la Universidad Autónoma de Nuevo León con 52 cuerpos académicos, 33 consolidados, 16 en grado de consolidación y 3 en formación. En cuarto lugar, está la Universidad Veracruzana con 50 CA (18 cuerpos consolidados, 19 en vías de consolidación y 13 en formación). El quinto lugar es ocupado por la Universidad Autónoma Metropolitana Iztapalapa con 38 CA, 17 consolidados, 14 en consolidación y 7 en formación.

CONCLUSIONES

Hace tres décadas se dio inicio a la profesionalización de académicos de tiempo completo dentro de las universidades de educación superior, a quienes además de ejercer la docencia se les encomendó la tarea de realizar investigación, dando así el inicio de la creación y la consolidación de los CA en México. Actualmente, se encuentran 4,070 cuerpos académicos registrados ante el PRODEP para el Tipo Superior, distribuidos en seis áreas del conocimiento (Ciencias de la salud, Educación, Humanidades y Artes, Ingeniería y Tecnología, Sociales y Administrativas, Académicos área de Agropecuarias y Naturales y Exactas); sin embargo, la creación y el grado de consolidación de los cuerpos académicos no se ha presentado del todo homogénea, quizá asociado a los recursos económicos con que cuentan las universidades: aquellas con mayores ingresos seguramente destinan mayor cantidad de apoyo a sus docentes para desarrollar investigación.

Por otro lado, se puede observar que la tendencia por número de CA Registrados en sus diferentes grados de Consolidación se encuentra en los estados con un mayor desarrollo económico e industrial u estabilidad académica superior tal es el caso de la Universidad de Guadalajara, Universidad Veracruzana, Universidad Autónoma de Nuevo León, Universidad Autónoma del Estado de México y la Benemérita Universidad Autónoma de Puebla.

Por áreas del conocimiento, la mayor cantidad de CA se registra en el área de sociales y administrativas (27 %), seguida del área de ingeniería y tecnología (20 %); en contraparte, en el área de agropecuarias se registra la menor cantidad de CA (7 %), lo que pudiera estar asociado a que actualmente muchas de las convocatorias para obtener recursos financieros van encaminadas a estas áreas, lo que motiva a los profesores a trabajar colectivamente y por tanto contar con los recursos necesarios para desarrollar investigaciones que sean de interés no solo para ellos sino también para el gobierno. Lo anterior quizá también se asocie a que es en el área de ciencias exactas y naturales donde se registra la mayor cantidad de CA consolidados (24 % del total).

Bajo el panorama anterior, es posible señalar que la mayoría de las universidades enfrentan el gran reto de registrar nuevos CA y avanzar en el grado de consolidación de los mismos, ya que sólo de esta manera se podrá garantizar la creación y desarrollo de Líneas de Generación y Aplicación del Conocimiento que coadyuven a alcanzar una educación de calidad y mejorar el entorno social de acuerdo a necesidades de cada entidad federativa.

REFERENCIAS BIBLIOGRÁFICAS

Cabrera, J., y Pons, L. (2013). *Configuraciones narrativas de grupos y cuerpos académicos en el campo de la investigación educativa.* Octaedro. https://www.redalyc.org/articulo.oa?id=31045567011

Beltrán-Poot, A. D. (2015). Los cuerpos académicos: el nuevo imaginario del profesor universitario de México. *Opción, 31*(3), 182-204.

Pulido-Téllez, A., Domínguez-Pérez, D. y Sandoval- Caraveo, M.C. (2017). Conformación, fortalezas y debilidades de cuerpos académicos en una universidad pública del sureste de México. *Cuadernos de Investigación Educativa, 8*(2), 13-29. https://www.redalyc.org/articulo.oa?id=443653716002

Programa para el Desarrollo Profesional Docente [PRODEP], (2018). Cuerpos académicos reconocidos por PRODEP. https://promep.sep.gob.mx/ca1/

Secretaría de Educación Pública (2019). *Reglas de Operación del Programa para el Desarrollo Profesional Docente para el Ejercicio Fiscal 2020.* http://www.dgesu.ses.sep.gob.mx/Documentos/DSA%20gobmx/PDF/CONVOCATORIA_CAS2020.pdf

Universidad de Colima. (2018). *Guía técnica. Convocatoria de cuerpos académicos 2018.*

https://portal.ucol.mx/content/micrositios/118/file/prodep/doc/GuiaTecnica-CA18.pdf

Yuren, T., Saenger, C., Escalante, A., y López, I. (2015). Las prácticas de los cuerpos académicos como factor de la formación ética de los estudiantes. Estudio de casos. *Revista de la Educación Superior, 44*(174), 75-100. http://www.scielo.org.mx/scielo.php?script=sci_arttext&pid=S0185-27602015000200005&lng=es&tlng=es.

CAPÍTULO III.
Cuerpos académicos reconocidos por el PRODEP en las ciencias de la salud México 2020

Alvarado Pizarro Ángel Noé, García Salas Belén Astrid, García Sosa Elia del Socorro, Valles Ortiz Patricia Magdalena

INTRODUCCIÓN

En México, el siglo XX estuvo marcado por diversos cambios destacando en la década de los años setenta el inicio de una serie de programas para profesionalizar a los académicos de las Instituciones de Educación Superior (IES) (Pulido et al., 2017), en 1996 la Secretaria de Educación Pública (SEP) y la Asociación Nacional de Universidades e Instituciones de Educación Superior (ANUIES), desarrollaron el Programa de Mejoramiento del Profesorado (PROMEP) con el fin elevar la calidad de los procesos educativos (Silva y Castro, 2014). Con ello las políticas nacionales incluyeron actividades para el diseño de aspectos relacionados con la docencia e incluyeron la tutoría y la investigación, derivado de lo anterior surge la formación de grupos de profesores-investigadores de tiempo completo que comparten una o varias líneas de generación y aplicación del conocimiento los cuales se denominaron Cuerpos Académicos (CA) (SEP, 2006).

Los CA, deben contar con infraestructura suficiente para el buen desempeño de las funciones académicas, así como con normas internas, estímulos, organización, gestión y planeación para el desarrollo de la IES (PRODEP, 2016). Adicionalmente, los integrantes de los CA, participan activamente en redes académicas con sus pares en el país y en el extranjero, entre sus características se encuentran la multidisciplinariedad y el número de integrantes, el cual varía de tres docentes titulares y el resto integrantes, así mismo cultivan líneas de generación y aplicación innovadora del conocimiento (LGAC) específico, compartido y temáticamente afines.

DESARROLLO DEL TEMA

El PRODEP clasifica los CA en Cuerpos Académicos en Formación (CAEF), Cuerpos Académicos en Consolidación (CAEC) y Cuerpos Académicos Consolidados (CAC): En los CA Consolidados los miembros cuentan con la máxima habilitación académica para generar o aplicar el conocimiento de forma independiente, experiencia en docencia, reconocimiento de perfil deseable, colaboración entre sí y producción académica. Los CA en Consolidación más de la mitad de sus integrantes tienen la máxima habilitación, perfil deseable, producción de generación y/o aplicación del conocimiento, participan conjuntamente en líneas de generación o aplicación innovadora del conocimiento. Los CA en Formación, la mitad de sus integrantes cuentan con reconocimiento de perfil deseable, cuentan líneas de generación o aplicación del conocimiento definidas, y se identifican con otros CA afines.

El desarrollo de los CA ha sido relevante en las instituciones de educación superior de México, son escasos los estudios que describen a los CA en el área de ciencias de la salud, por lo que es importante presentar el panorama del grado de consolidación que guardan, por lo que se muestra un diagnóstico sobre los CA reconocidos por PRODEP el cual analiza las características y atributos de los niveles de consolidación, y un contexto general sobre el trabajo que se ha realizado en esta área del conocimiento. Para lo cual se realizó una revisión de la información en línea, la búsqueda se efectuó por los subsistemas que conforman las universidades públicas estatales y afines, universidades politécnicas, tecnológicas e interculturales.

De acuerdo con la información disponible en la página del PRODEP en la que incluye una base de datos, en febrero de 2020 existen un total 610 CA, de los cuales el 28.5 % son consolidados, 33.3 % en consolidación y el 38.2 % en formación. Las Líneas de Generación y Aplicación del Conocimiento que los CA desarrollan suman un total de 1,058 en una clasificación de diez disciplinas que conforman las ciencias de la salud, en promedio cada cuerpo cuenta con 1.7 líneas y la mayoría solo tiene una línea. Los registros determinan que existen 2,726 miembros en la totalidad de los CA, la media indica que cada cuerpo está conformado por 4.5 integrantes y con una moda de 3 miembros. Los 610 CA vigentes muestran que la disciplina con mayor número de cuerpos registrados es medicina (28.2 %), seguido de odontología (13.4 %) y enfermería (13 %), sin embargo, los datos muestran que existen CA integrados por diferentes disciplinas de las ciencias de la salud (19.3 %). De acuerdo al grado de consolidación, medicina posee un número significativo de cuerpos consolidados (56) mientras las ciencias del deporte, es quien menos conserva CA consolidados (5) (Ver tabla 1).

Tabla 1

Cuerpos académicos por disciplina y el grado de consolidación

	Consolidado		En Consolidación		En Formación	
Disciplina	*f*	%	*F*	%	*f*	%
Medicina	56	32.2	57	28.1	59	25.3
Multidisciplinarios	40	23.0	32	15.8	46	19.7
Odontología	13	7.5	28	13.8	41	17.6
Enfermería	14	8.0	28	13.8	37	15.9
Biomedicina	20	11.5	27	13.3	12	5.2
Nutriología	13	7.5	11	5.4	14	6.0
Salud Pública	10	5.7	10	4.9	13	5.6
Ciencias del Deporte	5	2.9	4	2.0	6	2.6
Farmacobiología	2	1.1	4	2.0	5	2.2
Análisis Clínicos	1	0.6	2	1.0	0	0.0

Nota: *f* = Frecuencia; % = Porcentaje

La disciplina con mayor número de miembros es medicina (792) y la de menor profesorado registrado es análisis clínicos (13), Las 1058 líneas de investigación vigentes revelan que la disciplina que más LGAC ha registrado es medicina, con el 31.56 % y análisis clínicos con menor número (0.4 %). La primera disciplina también tiene la mayoría de lis integrantes con un 29.1 % y análisis clínicos es el de menor profesorado registrado (0.5 %). Al analizar el número de integrantes de los CA por LGAC se obtuvo que corresponde a 2.58 miembros (Ver tabla 2).

Tabla 2

Disciplinas, LGAC y número de integrantes de los CA

Disciplina	LGAC	%	Miembros	%
Medicina	334	31.6	792	29.1
Multidisciplinarios	223	21.1	519	19.0
Odontología	122	11.5	351	12.1
Enfermería	101	9.5	342	12.5
Biomedicina	105	9.9	258	9.5
Salud Pública	64	6.0	171	6.3
Nutriología	63	6.0	166	6.1
Ciencias del Deporte	22	2.1	62	2.3
Farmacobiología	20	1.1	52	1.1
Análisis Clínicos	4	0.4	13	0.5
Total	1,058	100.00	2726	100.00

Fuente: Elaboración propia en disciplinas, LGAC y número de integrantes de los CA

Al analizar el grado de consolidación y la totalidad de los CA por disciplinas se logró estimar un Índice de Eficiencia (IE), que es una estimación para alcanzar la consolidación de los cuerpos. En la Tabla 3 se detallan las disciplinas con mayor IE, entre ellas se encuentran Nutriología, Medicina, los CA multidisciplinarios y Biomedicina, aunque las cifras son bajas para todas las disciplinas. Los CA Consolidados tienen entre tres y cuatro integrantes, el rango más común para todos es de tres y seis miembros (Ver tabla 4).

Tabla 3

Estimación de un índice de eficiencia por disciplina de los CA consolidados

Disciplina	CA	CA Consolidados	IE
Medicina	172	56	0.33
Multidisciplinarios	118	40	0.33
Odontología	82	13	0.16
Enfermería	79	14	0.18
Biomedicina	59	20	0.33
Salud Pública	33	10	0.30
Nutriología	38	13	0.34
Ciencias del Deporte	15	5	0.33
Farmacobiología	11	2	0.18
Análisis Clínicos	3	1	0.33
Total	610	174	0.29

Fuente: Elaboración propia en Estimación de un índice de eficiencia por disciplina de los CA consolidados

Tabla 4

CA de acuerdo al número de integrantes y nivel de consolidación

	Nivel			
Integrantes	Consolidado	En Consolidación	En Formación	Total global
2	1	0	2	3
3	37	54	101	192
4	46	73	67	186

5	35	38	36	109
6	20	18	16	54
7	15	16	5	36
8	10	2	3	15
9	3	1	3	7
10	2	1	0	3
11	2	0	0	2
13	1	0	0	1
15	1	0	0	1
16	1	0	0	1
Total global	174	203	233	610

Fuente: Elaboración propia en Información de CA de acuerdo al número de integrantes y nivel de consolidación

Las tres primeras universidades con CA en el área de la salud son Universidad de Guadalajara (86), Universidad Autónoma de Nuevo León (61) y la Universidad Veracruzana (49), sin embargo, en la Tabla 5 se muestra el panorama de las universidades que integran la Red Nacional Salud y Educación, donde la Universidad Autónoma del Estado de México y la Universidad Veracruzana son quienes tienen un número mayor de CA Consolidados.

Tabla 5

Universidades de la Red Nacional Salud y Educación

Universidad	Consolidado	En Consolidación	En Formación
Universidad Autónoma de Ciudad Juárez	1	3	0
Universidad Autónoma del Estado México	8	8	6

Universidad Autónoma de Chihuahua	4	4	2
Universidad Autónoma de Zacatecas	6	11	2
Universidad Veracruzana	8	12	29
Universidad Michoacana de San Nicolás de Hidalgo	1	8	4
Universidad Autónoma de Querétaro	4	2	3

Fuente: Elaboración propia en Universidades de la Red Nacional Salud y Educación

REFERENCIAS BIBLIOGRÁFICAS

Programa para el Desarrollo Profesional Docente. (2016). Reglas de Operación del Programa para el Desarrollo Profesional Docente. http://dsa.sep.gob.mx/cueposacademicos.html

Pulido, T. A., Domínguez, P. D., y Sandoval, C. M. (2017). Conformación, fortalezas y debilidades de cuerpos académicos en una universidad pública del sureste de México. *Cuadernos de Investigación Educativa, 8*(2), 13-29. Doi:10.18861/cied.2017.8.2.2685

Silva, M. C. y Castro, V. A. (2014). Los cuerpos académicos, recursos y colegialidad forzada. *Archivos Analíticos de Políticas Educativas, 22*(68), 1-26. http://dx.doi.org/10.14507/epaa.v22n68.2014

Secretaria de Educación Pública. (2006). *Programa de Mejoramiento del Profesorado. Un primer análisis de su operación e impactos en el proceso de fortalecimiento académico de las universidades públicas.* http://ses4.sep.gob.mx/pe/promep/PROMEPanalisis1.pdf

CAPÍTULO IV. Similitudes y afinidades de los cuerpos académicos en salud

Mejía Yadira, Barroso González Juan Manuel, Ángeles García Eglantina Micaela, Alvarado Pizarro Ángel Noé y Armendáriz Ortega Angélica María

INTRODUCCIÓN

El presente capítulo tiene como objetivo describir las similitudes y afinidades de los Cuerpos Académicos (CA) en el área de la salud en México. El análisis se realizó a través de la revisión de los registros de los CA en el Programa para el Desarrollo Profesional Docente (PRODEP), en el año 2020. Se generó una base de datos con información del número de integrantes, número de Líneas de Generación y Aplicación del Conocimiento (LGAC), año de registro y grado de consolidación. A través de cuatro variables se identifican las similitudes que tienen los CA para lograr el grado de consolidación. Se identificaron 610 CA registrados en el 2020 (Ver figura 1).

Las líneas de investigación funcionan como un elemento integrador de los CA, convirtiéndose estas en las generadoras del conocimiento científico de las universidades, a su vez estas líneas promueven que los cuerpos académicos tengan pertinencia a resolver las necesidades de la sociedad con docentes que van incrementando y enriquecimiento el conocimiento en áreas específicas de la producción científica, permitiendo una mejor comunicación científica entre universidades; Las LGAC favorecen una mayor integración entre cuerpos y departamentos académicos e instituciones educativas, a difundir y divulgar información científica, brindando en su conjunto mayor reconocimiento y vinculación entre universidades.

El trabajo constante en las LGAC, también benefician a las comunidades académicas, brindando empoderamiento a los CA, ya que obtienen recursos y financiamiento, lo cual permite que se fortalezcan las diferentes dependencias académicas, desarrollando en cierta forma liderazgos de los cuerpos académicos (López, 2010).

La conformación de las LGAC, es un proceso de creación, de intercambio de ideas, incluso de aceptación de personalidades con un fin común, el construir o generar nuevos conocimientos en las diferentes disciplinas de las ciencias en el cual las universidades se benefician, se fortalecen, se enriquecen. En un proceso lento pero constante y permanente que trasciende con el paso del tiempo, por ello el número de sus integrantes es un tema que requiere atención.

Las líneas de generación del conocimiento de los cuerpos académicos derivan o proceden de las universidades públicas que con frecuencia forman entre una a tres líneas de generación, conformadas por profesores de base en las diferentes unidades académicas. Estas líneas promueven una forma organizada, planeada y sustentada de proyectos, intercambios académicos, fortalecimiento profesional de docentes, actualización académica, formación de recursos humanos de licenciatura y posgrado, mejora en la calidad de impartición de cátedra y promoción de la excelencia académica en los programas educativos, así como una mayor dinámica de convivencia de la comunidad académica nacional e internacional, todas ellas en función de cumplir con las funciones sustantivas universitarias promoviendo con esta dinámica un mayor grado de madurez tanto de las líneas de generación del conocimiento así como de cada uno de los cuerpos académicos de los cuales están integradas (Salgado et al., 2016).

DESARROLLO DEL TEMA

Número de Integrantes

Quién determina el número de integrantes de los CA para garantizar el trabajo colectivo o la consolidación. El número de integrantes de un CA es variado, va desde 2 hasta 16 con un promedio de 4 personas. De los 610 CA identificados, el 31.5 % tiene 3 y 30,5 % tiene cuatro integrantes. La inclusión del número de integrantes es un factor que interviene en el grado de evolución de un CA, determina la producción académica y por ende su grado de consolidación (Ver figura 1).

Figura 1

Elementos de análisis

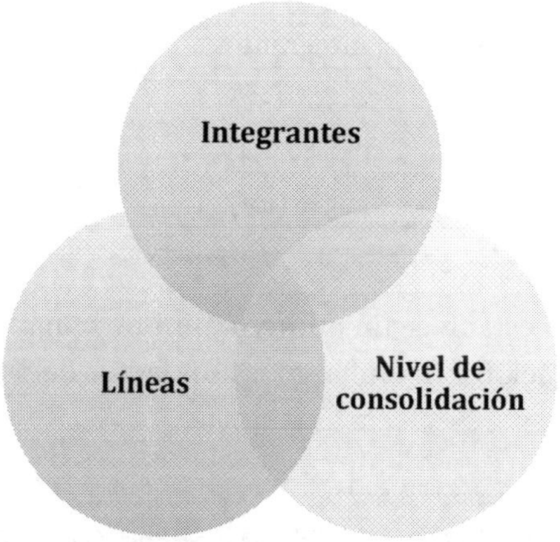

Nota: Elaboración propia

El trabajo colaborativo se caracteriza por la división del trabajo, donde los participantes acuerdan ayudarse unos a otros en las actividades para obtener las metas u objetivos planeados. Vences-Esparza y Flores-Alanís (2017), mencionan la importancia de las decisiones colectivas, la comunicación y solidaridad entre sus integrantes son determinantes para el éxito del grupo. La productividad académica colegiada es un criterio de evaluación considerado para avanzar en los diferentes grados de consolidación. Cuando un CA supera la media analizada tiene que generar estrategias de inclusión y colaboración para diversificar la producción académica.

En la tabla 1, se observan los números de integrantes por grado de consolidación, se ver que comparten el mismo número de integrantes en el grupo de CA consolidados y en consolidación, es un dato importante debido a que ha funcionado tener cuatro integrantes.

Tabla 1

Número de integrantes por grado de consolidación

Grado de habilitación	3 integrantes	4 integrantes
Consolidado	21,3 % (37)	26,4% (46)
En consolidación	26,6 % (54)	36 % (76)
Formación	43.3% (101)	28,8% (67)

Nota: Elaboración propia

El PRODEP no establece un número mínimo o máximo de integrantes para su evaluación, sin embargo, es un factor determinante para el avance de los CA.

Número de Líneas de Generación y Aplicación del Conocimiento

Las universidades públicas están siendo presionadas por las autoridades educativas para que incluyan dentro de su organización y procedimientos a los denominados CA consolidados (Salgado et al., 2016). Al revisar sobre cuánta similitud existe entre los cuerpos académicos del área de la salud, se presentan algunas cifras significativas para dar respuesta a este punto, se analizaron los 174 cuerpos académicos que equivale al 49,4 %, ya son cuerpos académicos consolidados y desarrollan una línea de generación del conocimiento. El 24,9 % de los cuerpos académicos consolidados en estudio tuvieron su registro de 2002 a 2003. Lo que indica que tienen similitud en cuanto llevan en promedio 17.5 años de trabajo como cuerpo académico.

La investigación interdisciplinaria se identifica como un proceso integrador entre investigadores con diferentes antecedentes disciplinarios, aunque con cierta unidad, intercambio, relaciones, acciones recíprocas e interpretaciones. Así mismo, busca factores comunes alrededor de un objeto de estudio, de métodos o lenguajes; es un acercamiento abierto a la diversidad de puntos de vista, más que a la homogeneidad de teorías o la unificación en torno a interpretaciones (Suárez y López, 2006). Bajo la premisa de identificar las similitudes entre los cuerpos existentes en el área de salud se encontró que la situación global analizada los cuerpos académicos presentan una media de 1,7 líneas de generación del conocimiento (LGAC), teniendo como mínimo una línea de generación y aplicación del conocimiento y máximo ocho líneas de generación de conocimiento.

El resultado al analizar los 174 cuerpos académicos la media sube a 1,8 en cuanto a las líneas de generación del conocimiento. Además de tener un año de registro del cuerpo académico con una media en el año 2010. En la tabla 2 se muestra el número de LGAC por grado de habilitación de los CA.

Tabla 2

Estadísticos básicos sobre los Cuerpos del área de la Salud y el número de LGAC

Grado de habilitación	LGAC	Frecuencia
Consolidados	1	49,4% (86)
Consolidados	2	27,6% (48)
En Consolidación	1	60,1% (122)
En Consolidación	2	23, 4% (48)
En Formación	1	54,5% (127)
En Formación	2	30,9% (72)

Nota: Elaboración propia

El 60 % de los CA se encuentran con grado de habilitación; en consolidación, seguido de los cuerpos académicos en formación con un 54,5 %, mientras el 49,47 % son los CA que se encuentran consolidados. La similitud actual para los tres grupos de cuerpos académicos es la cultivación de solo una LGAC. Se observa que los cuerpos académicos consolidados o en consolidación cultivan solo una línea de generación de conocimiento.

El acercamiento a los principales cuerpos académicos, permitió identificar algunos de las principales similitudes que hay entre ellos. Se puede inferir que para llegar a cuerpo consolidado es positivo solo contar con una línea LGAC, los factores que contribuyen a su consolidación pudieran estar directamente relacionado con respecto a solo alimentar una línea de generación y aplicación del conocimiento.

Nivel de Consolidación

Los resultados obtenidos de los cuerpos consolidados a través de las últimas dos décadas muestran un descenso importante, en el 2006 de 52.8 % a 11.3 % en el 2019, debido esto a varios factores según los referentes consultados (Estrada y Cisneros 2011), entre otras dificultades la de compaginación de horarios para realizar reuniones y organizar el trabajo colectivo, y una gradual heterogeneidad de los miembros según su disciplina.

Realizar diversas actividades académicas como clases frente a grupo, acciones de extensionismo, tutorías, asistencia a eventos académicos y administrativos, participar en diversas comisiones al mismo tiempo, no contar con la categoría de investigador son factores que influyen en el grado de habilitación. Sin embargo, lo que ha permitido a los CA ser consolidados es la experiencia previa de sus miembros en investigación y en trabajo colectivo debido a su relación con programas de posgrado y la mayoría poseen el máximo grado de habilitación.

Los CA en formación experimentan características que retrasan o impiden su avance, entre los más importantes están que sus principales actividades están orientadas a las funciones de docencia o extensión, la habilitación de sus miembros tiene grado de maestría, asimismo existen CA cuyos integrantes tienen antigüedad en la universidad y están a punto de jubilarse, pero también existen CA conformados por académicos jóvenes. De acuerdo al análisis correspondiente en el año 2003, fue de 38.2 % y el 2019 bajó a 30.2 % el registro de CA consolidados, lo que muestra la complejidad para lograr el nivel de habilitación.

Lo anterior contrasta en cuanto a los Cuerpos Académicos en formación, ya que en el 2006 de 13.9 %, subió a 58.5 %, en el 2019, lo cual muestra un creciente interés y concientización por parte de la planta docente por participar en estas actividades profesionales, que aunado a la nuevas políticas federales estará cada vez más difícil obtener recursos externos e internos si no se forma parte de un cuerpo académico consolidado; queda el reto para las nuevas generaciones el consolidar cuerpos académicos para que sus universidades en general y sus facultades en particular puedan articular proyectos de investigación que beneficien a las instituciones como a la población en general de acuerdo al área de expertos en que se trabaje.

CONCLUSIONES

Después de realizar el análisis correspondiente y utilizar los métodos ya conocidos y mencionados con anterioridad, se concluye que la productividad académica colegiada es un criterio de evaluación considerado para avanzar en los diferentes grados de habilitación, consolidación, en consolidación, y en formación,   existe una similitud en cuanto a tener cuatro integrantes por CA, y el alimentar una sola línea de investigación puede ser un factor que favorece obtener el nivel de consolidación en los CA.

La mayoría de cuerpos académicos consolidados desarrollan sólo una línea de generación del conocimiento. Los CA tienen una similitud en cuanto a que llevan en promedio 17.5 años de trabajo colegiado como cuerpo académico.

Los cuerpos académicos estudiados presentan una media de 1,7 líneas de generación del conocimiento (LGAC). Sin embargo, lo que ha permitido a los CA ser consolidados es la experiencia previa de sus miembros en investigación y el trabajo colectivo debido a su relación con programas de posgrado y la mayoría posee el máximo grado de habilitación.

Es importante señalar que el análisis de las similitudes entre los grupos nos lleva a conocer la experiencia para lograr la consolidación y estar *ad hoc* a las exigencias institucionales, pero, habría que evaluar la calidad de la producción en función de la LGC, el tiempo de dedicación a la investigación y divulgación científica y el grado académico de los integrantes de las CA.

REFERENCIAS BIBLIOGRÁFICAS

Estrada, I., y Cisneros, E., (2011). Los cuerpos académicos y el proceso de desarrollo el caso de una universidad pública estatal en Yucatán JO - XI Congreso Nacional de Investigación Educativa.

López, S. (2010). Cuerpos académicos: factores de integración y producción de conocimiento. *Revista de La Educación Superior, 39*(155), 7–25.

http://www.scielo.org.mx/pdf/resu/v39n155/v39n155a1.pdf

Secretaría de Educación Pública. (2020). Programa para el Desarrollo Profesional Docente. https://dgesui.ses.sep.gob.mx/programas/programa-para-el-desarrollo-profesional-docente-para-el-tipo-superior-s247-prodep

Salgado, P. M., Ortiz, D. A. C., y Rogel, R. M. N. (2016). La interdisciplinariedad económico-administrativa en la conformación de una comunidad científica y la formación de investigadores. *Revista de La Educación Superior.* https://doi.org/10.1016/j.resu.2015.12.011

Suárez, T., y López, L. (2006). Los cuerpos académicos en la organización de las universidades públicas mexicanas. *Ingenierías*, 9(31), 52–58. http://dx.doi.org/10.22201/fca.24488410e.2006.581.

Vences-Esparza y Flores-Alanís. (2017). La consolidación de los Cuerpos Académicos. Un análisis de los factores que intervienen en su evolución. XIV Congreso Nacional de Investigación Educativa. San Luis Potosí, México. https://www.comie.org.mx/congreso/memoriaelectronica/v14/doc/0657.pdf

CAPÍTULO V.
Red temática

Quiroz Benhumea Livia, Méndez Salazar Vianey, Carpio rodríguez María de los Ángeles, Guzmán Caballero Enid Asvani y Roslaes López Alejandra.

INTRODUCCIÓN

Este capítulo enmarca una revisión de las publicaciones realizadas hasta la actualidad, sobre redes temáticas, siendo estas un acierto congruente con el Plan Nacional de Desarrollo 2013-2018 (PDN), que retoma al desarrollo científico, tecnológico y la innovación como pilares para el progreso económico y social sostenible, mediante estrategias como; "Contribuir a que la inversión nacional en investigación científica y desarrollo tecnológico crezca, así como la formación y fortalecimiento del capital humano de alto nivel, además de impulsar el desarrollo de las vocaciones y capacidades científicas, tecnológicas y de innovación locales, entre otras.

Describir una red, indudablemente establece la posibilidad de cruzar y estructurar trabajo colaborativo, alude a la articulación académica que estratégicamente ha funcionado para que profesores-investigadores vayan consolidando mecanismos como la reciprocidad, en lo referente al paso de información, el intercambio de experiencias y el contraste en la panorámica de la generación del conocimiento, realizando entonces la fusión o comparación de los resultados de las misma, a bien de fortalecer en los ámbitos local, estatal, nacional e internacional formulen y contribuir con la cooperación técnica en el nivel nacional e internacional en diferentes áreas temáticas.

DESARROLLO DEL TEMA

El Marco Contextual de las Redes Temáticas en México

El marco contextual de las redes temáticas en México, debe remontarse al año 2001, cuando la hoy Subsecretaría de Educación Superior, "área de la Secretaría de Educación Pública –SEP- encargada de impulsar una educación de calidad que permita la formación de profesionistas competitivos y comprometidos con el desarrollo regional y nacional, para contribuir a la edificación de una sociedad más justa" (SEP, 2016), emitió la primera convocatoria, para integrar y mejorar las plantas académicas de las universidades públicas estatales, denominando a esta agrupación "cuerpos académicos" (CA).

Para la Asociación Nacional de Universidades e Instituciones de Educación Superior (ANUIES) y la Subsecretaría de Educación Superior (SES), así como para otras instancias un cuerpo académico, se entiende:

> Al grupo de académicos que desarrollan labores de docencia, investigación y difusión de manera sistemática, articulados en torno a objetos de estudio, disciplinares o temáticos similares o parecidos. Cultivan saberes y técnicas, desarrollan proyectos, o comparten preocupaciones científicas o académicas parecidas, más o menos familiares, además, lo hacen en los mismos espacios institucionales (Acosta, 2006, p.86).

De acuerdo con disposiciones oficiales, la motivación principal para que surgiera y se sistematizar esta forma de trabajar en los profesores-investigadores, fue para que se robustecieran sobre todo la producción y aplicación del conocimiento, surgiendo así el Programa de mejoramiento del profesorado (PROMEP), escribiéndose en este al CA como: "un conjunto de profesores–investigadores que comparten una o más líneas de investigación (estudio), cuyos objetivos y metas están destinados a la generación y/o aplicación de nuevos conocimientos, además de que a través de su alto grado de especialización, los miembros del conjunto ejerzan docencia para lograr una educación de buena calidad" (PROMEP, citado en López, 2010, p.8).

Los profesores-investigadores convierten esta iniciativa en una forma para desarrollar, vincular y publicar su trabajo académico, además de que se originó para mantener un control en la asignación de los recursos federales, recursos que son mayores a mayor visibilidad y publicación de la investigación generada por ese grupo de trabajo.

Es así, que con el paso de los años, los CA vislumbran que la manera en que es posible favorecer la visibilidad del trabajo que realizan, es analizando profundamente la compatibilidad de las líneas de generación del conocimiento y con esto, acrecentar la posibilidad de compartir con otros cuerpos académicos los resultados de proyectos de investigación, la organización de eventos académicos nacionales e internacionales, así como compartir las experiencias de crecimiento que les han llevado a consolidarse como cuerpo académico y poder con esto optar al más alto estatus del propio profesores-investigadores, pertenecer al Sistema Nacional de Investigadores (SNI).

Entonces, tras la experiencia de consolidación de los CA, surge un nuevo paradigma "la formación de redes", inicialmente es importante decir que datos relevantes sobre estas, se encuentran plasmadas en el PDN 2013-2018, documento de carácter oficial en México, que tiene como uno de los objetivos principales incluir el desarrollo científico que se haga tangible en progreso económico y social sostenible, junto con la innovación y la tecnología, a través de distintas estrategias con líneas de acción concretas, a destacar las siguientes descritas en el PDN, 2013-2018: fortalecimiento del Sistema Nacional de Investigadores (SNI).

Lo anterior llevará al incremento del número de científicos y tecnólogos incorporados y promoviendo la descentralización; apoyar a los grupos de investigación existentes y fomentar la creación de nuevos en áreas estratégicas o emergentes; ampliación de la cooperación internacional en temas de investigación científica y desarrollo tecnológico, con el fin de tener información sobre experiencias exitosas, así como promover la aplicación de los logros científicos y tecnológicos nacionales; establecimiento de ecosistemas científico-tecnológicos que favorezcan el desarrollo regional; vinculación entre las instituciones de educación superior y centros de investigación con los sectores público, social y privado; entre otras.

Aunado a esto, dilucidar el concepto de red desde el área de la salud sin argumentar que surge desde aplicaciones en la sociología, administración, ingeniería, economía, entre otras, sobre todo para analizar el abordaje de tareas sociales con una aplicación más directa en los sujetos de la investigación. Las redes entonces, vinculan el trabajo y análisis de los profesores investigadores y permite que estos se acerquen a la sociedad, en forma de programas, políticas públicas, entre otros.

¿Qué es una Red Temática?

En las últimas décadas, el término de red ha cobrado una importancia que en el pasado no tenía, hace referencia a un conjunto de personas que se interrelacionan, permitiendo que circulen entre ellas elementos que les permiten un funcionamiento basado en reglas definidas y ordenadas. Sustentada entonces, en las similitudes sobre todo de la línea de generación del conocimiento.

De acuerdo con lo descrito por Castells en el 2000 citado en Vilaça (2013), "Las redes son nuevas formas de organización social, del Estado o de la sociedad, intensivas en tecnología de información y basadas en la cooperación entre unidades dotadas de autonomía" (p. 78). En el mismo documento se cita a Borzel (1997), quien define las redes como "Relaciones no jerarquizadas donde se comparten objetivos comunes entre varios actores, con intercambio de recursos entre sí, a partir del presupuesto de que la cooperación es la mejor forma de alcanzar esos objetivos" (p. 83).

Para el Consejo Nacional de Ciencia y Tecnología (CONACYT) son la "asociación voluntaria de investigadores o personas con interés de colaborar para atender un problema prioritario nacional". (CONACYT, 2014). Las redes temáticas de grupos de investigación, son un instrumento con demostrada utilidad, para la puesta en contacto y coordinación de actividades en torno de un tema concreto.

Los procesos de colaboración en el ámbito educativo no son nuevos. Lara (2001) señala que los primeros estudios realizados sobre la necesidad de desarrollar este tipo de procesos en el aprendizaje datan de los años cuarenta. No obstante, desde entonces su desarrollo no ha sido lineal, sino que ha experimentado diferentes etapas en función del interés depositado en éste u otros tipos de aprendizaje como el competitivo o el individualista. Es a partir de los años 70 que el aprendizaje colaborativo vuelve a cobrar interés (Lara, 2001).

Los conceptos de red son diferentes de acuerdo con los contextos en donde se han escrito, pero con elementos comunes, entre los que se encuentran: la existencia de un vínculo académico entre los integrantes en su mayoría estable, tienen la capacidad de decidir por sí mismos sobre las estrategias del trabajo interno, el orden jerárquico no es algo que se establezca para determinar el funcionamiento y participación de los miembros de la red dado que la horizontalidad es un pilar en el trabajo colaborativo, establecimiento de objetivos que robustecen una línea o varias líneas de generación del conocimiento y la contribución, cordialidad y permuta constante de recursos.

Objetivos de la Red Temática

Los objetivos formulados a partir de la creación, desarrollo y consolidación de las redes temáticas en el área de la salud, han sido elaborados y no siempre descritos por los cuerpos académicos que las forman, entre líneas se puede precisar que uno de los principales es la vinculación de la comunidad académica entre sí y de estos, con los demás actores de la sociedad. No obstante, diferentes autores coinciden que la unión de los investigadores robustece la cooperación académica, da prestigió a la institución en la que se labora, mejora la visibilidad de los productos desarrollados en la línea de generación del conocimiento en la que estos se hayan definido, promoviendo el intercambio de investigaciones que apuntan al trabajo colaborativo interdisciplinario y el establecimiento de posibles soluciones a problemas prioritarios en la sociedad mexicana.

Al interior del trabajo colaborativo de las redes temáticas, hay objetivos específicos que dependerán de su línea de generación del conocimiento, pero que se encaminan a la promoción, la gestión, la evaluación y el seguimiento de la investigación, así como a la coordinación de las actividades que favorezcan y la consoliden. El CONACYT establece como fin de las redes "el promover la colaboración interdisciplinaria para atender problemas complejos en temas de interés nacional de manera articulada entre actores de la academia, gobierno, y sociedad" (CONACYT, 2014).

¿Cómo formar una Red Temática?

Existen diferentes estrategias que permiten la formación de las redes, pero la principal es que las líneas de generación del conocimiento de los cuerpos académicos o grupos de trabajo converjan, a bien de que los miembros puedan intercambiar fluidamente las investigaciones o crucen los resultados de las mismas para mejorar la consistencia de los resultados. Los cuerpos académicos que deciden vincularse deberán primeramente firmar una carta compromiso, donde quede escrito el objetivo, funciones y compromisos que se adquieren, una vez que existiera la red, para miembros nuevos se establecerá la valoración de su posible ingreso mediante un oficio de petición, dirigido al responsable de la Red (que de manera itinerante o fija es quien habría de dirigir la red).

Para CONACYT, las Redes Temáticas deberán estar integradas por: *miembros Investigadores* que preferentemente estén desarrollando su labor docente y de investigación en Instituciones de Educación Superior públicas y particulares, centros e instituciones de investigación, entendiéndose de esta forma que los líderes de los CA deciden vincular su línea de coincidencia en la generación del conocimiento; además se indica que deben existir *miembros No Académicos* que refuerzan la vinculación con otros sectores de la sociedad, haciendo así la formación de la red, más rica en experiencias y con la posibilidad amplia de replicar los resultados de la investigación, también se articulan *miembros Estudiantes* valorando el grado académico en el que se deben incorporar y obviamente la temática congruente con lo desarrollado en la red y finalmente es importante la inclusión de un *Comité Técnico-Académico* conformado por un máximo de 9 miembros investigadores y miembros no académicos, adscritos a instituciones nacionales, el cual deberá estar representado por al menos cada uno de los temas o ejes que aborda la red y reflejar la pluralidad de instituciones de la misma.

Además, es pertinente hacer la aclaración de que un miembro de la red, puede pertenecer a más de una Red Temática, pero se debe robustecer en la misma temática congruente con su habilitación, de lo contrario se diluye y disipa su trabajo. Es de esta manera que los profesores-investigadores o participantes de la red, se convierten en verdaderos expertos al publicar más sobre la misma temática, sin perder de vista que para algunas entidades de financiamiento solamente puede recibir apoyo económico de una de éstas.

Los requisitos para formar una red son diversos, pero convergen en puntos medulares tal como son: la temática en la que se genere debe corresponder a temas prioritarios, justificados en documentos oficiales y que no esté siendo trabajado por otras redes ya registradas; la denominación que identifique a la red no puede estar duplicada en el catálogo de redes registradas y la incorporar miembros de disímiles instituciones y preferentemente de entidades federativas diferentes. La red entonces tendrá prevista la demostración de la existencia de que labor se realiza en equipo y el fortalecimiento de consecuencias previstas de esta interacción y, en su caso, su integración en redes de cooperación e intercambio académico.

Beneficios de la creación de la Red

Ahora bien, los beneficios que los integrantes pueden obtener de la pertenencia a una red dependerán de la actividad que en la misma se genere, pero se tendrá un punto de vista sobre el objeto de la investigación o línea de generación del conocimiento en la que se trabaje, además de permitir que los miembros de la red tengan visibilidad en varias universidades o instituciones al mismo tiempo, la generación de proyectos es más rica y productiva al contextualizarlos en diferentes puntos geográficos y determinar lo más conveniente para que los datos sean representativo (López, 2010)

Otro de los beneficios es el intercambio de las áreas de oportunidad y fortalezas que han llevado a los cuerpos académicos a mejorar su condición académica cada determinado tiempo, de esta forma al resonar el trabajo de unos en otros, los cuerpos consolidados estimulan a los que están en formación y estos a su vez a quienes tienen registro interno, vinculándose la posibilidad de pertenecer al Sistema Nacional de Investigadores con mayor sustentabilidad que si se hiciera fuera de la red. Además, los CA integrados en una red, no ven limitada su participación en el ámbito local, sino más bien abren horizontes a la puesta nacional e internacional, mejorando las oportunidades de acceso a la información que publiquen.

Compromisos de los Integrantes

El compromiso que obtienen los integrantes de una red, se tendrá que formular necesariamente bajo los lineamientos establecidos por la misma. De tal forma, que quienes la integren cumplan en tiempo y forma los acuerdos descritos en el Plan de Trabajo. Además, es importante la presencia de los integrantes de los CA en las reuniones de trabajo de la red para robustecer las estrategias mediante las cuales se debe consolidar el trabajo. A su vez, los integrantes deben comprometerse a alcanzar los más altos niveles de habilitación, así como al acceso a los programas federales de reconocimiento al desempeño docente u otros que den visibilidad particular y por consecuencia grupal.

Áreas de Oportunidad

Es difícil apuntar el futuro de las redes más allá del 2017, porque la crisis económica y el posible cambio político harán que la instrumentación de las mismas no sea tan sustanciosa como el lado teórico. No obstante en los años en los que se ha desarrollado esta creación de redes se distinguen áreas de oportunidad, a destacar, la mejora en las relaciones interpersonales, porque al tratarse de profesores-investigadores con amplia trayectoria experiencia y habilitación cada uno ha formado un criterio sobre los temas de expertos, además de que esta situación puede condicionar la fluidez al redactar los productos a publicar, porque al tratar de armonizar las propuestas se invierte tiempo en la revisión.

También, es importante detallar que, dada la condición geográfica y apoyos económicos recibidos, la red enfrenta retos para poder reunirse, es conveniente por tanto que la sede de las reuniones sea rotativa, para que no se vean afectadas las distintas actividades y funciones que desempeñan en la institución en la que laboran. Otra de las áreas de oportunidad se vislumbra con el proceso de retirada o jubilación de los integrantes de los CA y por consiguiente la habilitación de profesores que no están familiarizados con la forma de trabajar, suponiendo una inversión de tiempo.

CONCLUSIONES

Lo expuesto en el trabajo permite arribar a la siguiente conclusión, en cuanto al concepto de redes de investigación, es importante señalar el trabajo investigativo en equipo, integrados en grupos de cooperación e intercambio académico.

Por tanto, una red temática se caracteriza por el trabajo colaborativo en el que se comparten estrategias para la producción del conocimiento, asimismo se comparte información relevante, para la inserción de cuerpos académicos a una red temática, este capítulo brinda un panorama respecto a cómo integrar y mantener una red de investigación en las universidades y cómo empoderarse y hacerse visible con pares investigadores.

Cabe mencionar que los integrantes de la red pueden pertenecer a otras redes de investigación. La fortaleza de este texto es el brindar información sobre las redes de investigación siendo trascendental para la actividad docente en las universidades públicas y privadas.

REFERENCIAS BIBLIOGRÁFICAS

Acosta, A. 2006. Señales cruzadas: una interpretación sobre las políticas de formación de cuerpos académicos en México. Revista de la Educación Superior, julio-septiembre, año/vol. XXXV (3), número 139. Asociación Nacional de Universidades e Instituciones de Educación Superior. (ANUIES). Distrito Federal, México. pp. 81-92. https://www.researchgate.net/profile/Adrian_Acosta_Silva/publication/28306302_Senales_cruzadas_una_interpretacion_sobre_las_politicas_de_formacion_de_cuerpos_academicos_en_Mexico/links/555c6e1108ae6aea08175baa/Senales-cruzadas-una-interpretacion-sobre-las-politicas-de-formacion-de-cuerpos-academicos-en-Mexico.pdf

Borzel, T.A. (1997). Qué tienen de especial los policy networks? Explorando el concepto y su utilidad para el estudio de la gobernación europea. http://seneca.uab.es/antropologia/redes/ redes.htm

Castells, M. (2000). A sociedade em rede (4ª ed.). Paz e Terra.

Consejo Nacional de ciencia y Tecnología. Convocatoria 2017 para redes temáticas. http://conacyt.gob.mx/index.php/el-conacyt/convocatorias-y-resultados-conacyt/convocatorias-redes-tematicas-de-investigacion/convocatorias-abiertas-redes-tematicas-de-investigacion/convocatoria-2017-para-redes-tematicas-conacyt/13279-convocatoria-redes-tematicas-2017/file

Gobierno de los Estados Unidos Mexicanos. (2013). Plan de Desarrollo Nacional 2013-2018.

SEP, 2016. http://www.ses.sep.gob.mx/hacemos.html

Lara, S. (2001). Una estrategia eficaz para fomentar la cooperación. Estudios sobre educación. https://hdl.handle.net/10171/7948

López, S. (2010). Cuerpos Académicos: Factores de integración y producción de conocimiento. http://www.scielo.org.mx/pdf/resu/v39n155/v39n155a1.pdf

Redes internacionales de enfermería de las Américas: trabajo colaborativo para el logro de la cobertura universal en salud. https://www.paho.org/hq/dmdocuments/2015/nursing-redes-internacionales-cu-2014-spa.pdf

Términos de referencia de la convocatoria 2017 para redes temáticas CONACYT. http://conacyt.gob.mx/index.php/el-conacyt/convocatorias-y-resultados-conacyt/convocatorias-redes-tematicas-de-investigacion/convocatorias-abiertas-redes-tematicas-de-investigacion/convocatoria-2017-para-redes-tematicas-conacyt/13278-terminos-de-referencia-redes-tematicas-2017/file

CAPÍTULO VI.
Desafíos y retos de las redes de investigación en México

Lavoignet Acosta Balnca Judith, Cruz Núñez Fabiola, Ramos Aguilar Iracema, Rodríguez Cruz Dora Luz, Hernández Landaverde Claudia, Santes Saavedra Guadalupe y Lara González Cynthia

INTRODUCCIÓN

La prioridad de una red de investigación es la de transmitir, por ende, divulgar la comunicación científica, con el objetivo de que llegue a una gran cantidad de lectores, a través del uso de la red, lo que le permite que, mediante un mensaje, un enlace o un archivo adjunto, llegue la información a todos sus integrantes (Arriaga et al., 2012).

> Respecto a lo anterior, Arriaga et al., (2012) refieren: Que compromete a los miembros de la red de investigación a garantizar la calidad científica de la información y los saberes que divulgan, dado que el conocimiento científico como tal se somete a validación y rigor, en ocasiones, éste, puede crear contradicciones epistemológicas y teóricas, por lo que se debe contar con el sustento teórico suficiente, ya que si la información no cumple con estas características puede poner en juego la confiabilidad de los usuarios (p.179).

Se sabe que en algunos casos la generación de nuevo conocimiento mediante las redes de investigación se pone en duda, pero también es cierto que el uso de este tipo de redes facilita la comunicación y el intercambio de aportaciones que lo originan. García Aretio et al., (2007, citado en Arriaga et al., 2012) piensan que, para que se puedan compartir, proyectar los conocimientos y aprendizajes individuales, deben existir protocolos, significados comunes con los cuales se familiariza la comunidad de aprendizaje por el sólo hecho de interactuar de manera permanente, esto puede al mismo tiempo dar identidad a una red de investigación.

A través de este capítulo, se plantean algunos retos y desafíos que se les presentan a las redes de investigación, como lo que se menciona anteriormente la veracidad, confiabilidad y la difusión de la información de carácter científico, que permitirá fundamentar con mayor rigor metodológico y teórico el nuevo conocimiento o él ya existente.

DESARROLLO DEL TEMA

El principal factor de la sociedad en la actualidad es el conocimiento, de tal manera que la educación superior juega un rol fundamental en su conformación, unido a conceptos de integridad y competitividad.

> Bernhard (2009) afirman: Actualmente y para el futuro, se busca la "universalización de la educación superior", esto evidencia la necesidad de asegurar la calidad de la enseñanza superior para una sociedad basada en el conocimiento (como se citó en González et al., 2012). Por ello es necesario en este nivel educativo desarrollar capacidades y competencias en ámbitos de investigación colaborativa y la participación en comunidades internacionales de investigación (p.59).

Los actores involucrados en la educación superior tienen grandes y múltiples retos: entre los que se encuentran el educar y promover el desarrollo de la ciencia y tecnología de calidad en ámbitos locales, regionales y nacionales; también el fomentar la participación en espacios de colaboración de comunidades de investigación y de educación inter y multidisciplinar, lo que traerá consigo mejorar la presencia de sus instituciones y de sus países, en la ciencia, tecnología e innovación, y coadyuvar con ello a mejorar la inversión (González et al., 2012).

Ante lo expuesto anteriormente, resulta indispensable que Latinoamérica no sea ajena a estas tendencias. Si bien existe un incremento alentador, es importante destacar que la aportación de Latinoamérica a la ciencia mundial, medida por el número de artículos publicados, es tan solo de 3%, especialmente en publicaciones principales y otro tanto en las de menor circulación, siendo Brasil el principal productor seguido por Argentina, México, Chile y Venezuela (Ríos Gómez y Herrero Solana, 2005), lo que muestra que las comunidades de investigación aún tienen mucho camino por recorrer para incrementar su producción y visibilidad (González et al., 2012, p.60).

Uno de los retos y desafíos sumamente importante de las redes de investigación son las publicaciones de tipo científico, en México esto ha sido una labor muy ardua, especialmente si se trata de una actividad que emana de un proyecto académico efectuado en grupo de investigación, cuerpo académico (CA) o una Red de Investigación, en donde los recursos económicos son escasos y la sustentabilidad financiera está en manos de los integrantes (Trujillo, 2017).

En nuestro país, se está viviendo una transición de las publicaciones científicas del formato impreso al electrónico, Trujillo (2017) menciona:

> Las plataformas editoriales de acceso abierto, como el Open Journal Systems (OJS), se convierten en mecanismos que facilitan la gestión editorial, sistematizando el envío de artículos, el registro de pares dictaminadores, el seguimiento de evaluaciones, la indexación en bases de datos y la transferencia de artículos en formatos para su publicación en otras plataformas. En esta carrera de expansión acelerada del conocimiento –ocasionada por el auge de los medios digitales– existen nuevos desafíos para la ciencia, como son las iniciativas de los grandes consorcios privados que se disputan el monopolio del conocimiento, estableciendo cuotas económicas por publicación, almacenamiento o consulta de la información que se concentra en grandes repositorios digitales, generando brecha entre los países con mayor y menor desarrollo científico y tecnológico. (p.3).

Es clara la tendencia de que la información en la actualidad circule en los formatos digitales; es por ello, que los retos y desafíos para las publicaciones se deben de orientar hacia la difusión en los índices nacionales e internacionales que permitan una mejor visibilidad del conocimiento que se genera a nivel local (Trujillo, 2017).

En los últimos años, se ha estado presentando un movimiento de carácter social con el fin de organizar y estructurar Redes y/o comunidades científicas de todo tipo; dichas Redes inician y originan la comunicación, la sinergia entre proyectos, la producción, el uso de la información y el conocimiento sobre recursos humanos y servicios de toda índole, así como, el acceso equitativo y universal del conocimiento (Zárate, 2013).

El trabajo en red para la investigación ha requerido de diversos esfuerzos de capacitación en aspectos metodológicos, así como la adquisición de equipo para apoyo a la investigación en todos los espacios de la Red, Zárate (2013) refiere:

> En los años de trabajo de la red, se han realizado diversas actividades para su organización y fortalecimiento; entre éstas están: los talleres para el diagnóstico de necesidades y establecimiento de prioridades para la investigación, la integración a grupos de investigación, los cursos de capacitación en metodologías para la investigación, estadística redacción del escrito científico y la participación de los integrantes de la red en diversas actividades de formación como ciclos de conferencias, así como cursos y diplomados. (p.83-84).

Otra actividad que debe de realizar una Red son encuentros de investigación en donde se difunda el trabajo realizado, las temáticas abordadas y los retos por venir; compartir las experiencias exitosas y divulgar los resultados del trabajo conjunto. Otras actividades son la realización de conferencias de expertos nacionales e internacionales, así como la presentación de los resultados de investigaciones realizadas por las instituciones pertenecientes a la Red (Zárate, 2013).

Existen algunos retos que las redes deben de sortear en la actualidad y en los años venideros, entre los que se encuentran el cumplimiento de lineamientos establecidos y el alcance y seguimiento de indicadores de productividad, la elaboración de estrategias para la difusión de las actividades de la red, el fortalecimiento de líneas de investigación de los integrantes de la red y de la red en su conjunto, la búsqueda de financiamiento y el intercambio a nivel nacional e internacional de profesionales a instituciones o grupos de investigación que se ubican en mayor nivel de desarrollo, equipamiento básico, la asignación de pasantes en servicio social en apoyo a las instituciones o grupos de investigación, y el acceso a las bases de datos especializadas (Zárate, 2013).

Es deseable y conveniente que en los próximos años las redes tengan mayor visibilidad en los ámbitos nacional, regional y local, que sean requeridas para asesorar proyectos nacionales e internacionales dependiendo el tipo de la red, que logre consolidar líneas de investigación y que estás favorezcan diversas temáticas o ejes, entre ellas el cuidado de la salud y la transformación de la práctica (Zárate, 2013).

CONCLUSIONES

Las iniciativas de acceso abierto del conocimiento han creado conciencia sobre la necesidad de garantizar que el conocimiento forme parte del patrimonio de la humanidad, ya que se trata de contribuciones de carácter social de las comunidades científicas y, por ende, deben eliminarse los obstáculos que impidan que todas las personas sean beneficiarios de los avances del conocimiento (Trujillo, 2017).

Es de suma importancia, que se fomente la realización de investigaciones de diferentes tópicos o ámbitos, pero de calidad, que se potencie la difusión de las mismas, y sobre todo que los resultados emanados de ellas se apliquen para mejorar los sistemas políticos, educativos, económicos, de salud, entre otros.

Una red de investigación para lograr la colaboración de todos sus integrantes, debe establecerse como una organización estratégica, con objetivos claros y reales, cuyos integrantes funcionen de manera sistemática, que se comprometan en el logro de los objetivos (Arriaga et al., 2012).

REFERENCIAS BIBLIOGRÁFICAS

Arriaga, M. J., Minor, J. M. G. y Pérez, C. M. L. (2012). Retos y Desafíos de las Redes de Investigación. *Revista Iberoamericana sobre Calidad, Eficacia y Cambio en Educación, 10*(3), 178-183. http://www.rinace.net/reice/numeros/arts/vol10num3/art13.pdf

González, B. D. L., Orantes de Pineda, B. R. y Camacho, D. C. (2012). Retos y desafíos en la conformación de una comunidad latinoamericana en educación e investigación. *Revista Panorama, 6*(10), 55-69. file:///C:/Users/sjcor/Downloads/Dialnet-RetosYDesafiosEnLaConformacionDeUnaComunidadLatino-4780121%20(1).pdf

Trujillo, H. J. A. (2017). Las publicaciones científicas en México: retos y desafíos para IE *Revista de Investigación Educativa de la REDIECH. IE Revista de Investigación Educativa de la REDIECH,*(14),3-7. http://www.rediech.org/ojs/2017/index.php/ie_rie_rediech/issue/view/15

Zárate, G. R. A. (2013). Logros y desafíos de la Red de Unidades de Investigación ENEO-UNAM, Instituciones e Institutos Nacionales de Salud. *Revista Mexicana de Enfermería Cardiológica. 21*(2), 82-85. file:///G:/CAP.%20LIBRO%20RED%202018/en132g.pdf

Reseña curricular coordinadores

Victorina Castrejón Reyes

Profesor investigador de tiempo completo en la Facultad de Ciencias Políticas y Sociales de la UAQ.

Líder del Cuerpo Académico Consolidado UAQ-CA-04 "Sociología de la salud: salud y educación comunitaria".

Dra. En Administración por la Universidad Autónoma de Querétaro, perfil PRODEP 2020-2025, LGAC: Sociología de la salud: salud y educación comunitaria

ORCID: http://orcid.org/0000-0002-0122-2620.

Oscar Ángel Gómez Terán

Profesor investigador de tiempo completo en la Facultad de Derecho de la UAQ.

Miembro del Cuerpo Académico Consolidado UAQ-CA-04 "Sociología de la salud: salud y educación comunitaria".

Dr. en investigación educativa, Candidato a SNI 2021- 2024, perfil PRODEP 2022-2025.

ORCID: https://orcid.org/0000-0001-6637-5217.

Sandra Jenny Cortés Heredia

Profesor investigador de tiempo libre en la Facultad de Enfermería de la UAQ.

Colaboradora del Cuerpo Académico Consolidado UAQ-CA-04 "Sociología de la salud: salud y educación comunitaria".

Doctorante. En Investigación y Docencia,

ORCID: https://orcid.org/0000-0001-6432-8708.

Beatriz Garza-González

Profesor investigador de tiempo completo en la Facultad de Lenguas y Letras de la UAQ.

Miembro del Cuerpo Académico Consolidado UAQ-CA-04 "Sociología de la salud: salud y educación comunitaria".

Dra. en pedagogía por la Universidad Nacional Autónoma de México, Perfil PRODEP 2019-2022.

ORCID: http://orcid.org/0000-0002-5696-6870